JOST HEIDER

BOTSCHAFTER DER HOFFNUNG

Wir sind alle Teil eines großartigen göttlichen Plans und erleben unsere eigene Befreiung, wenn wir den vorbestimmten Weg akzeptieren. Permanente Blockaden entsprechen ebensowenig unserer Bestimmung wie gesellschaftliche Zwänge, denen wir oft allzu große Macht über uns einräumen. Die Befreiung liegt im Erkennen unserer ureigenen Kreativität.

Erkennen Sie die Gesetzmäßigkeiten des Lebens und folgen Sie Jost Heiders inspirierten Erläuterungen zu essentiellen Themen wie Schicksal, Glauben, Beziehungen, Begeisterung, Reichtum, heil sein, Reich Gottes u. a.

Die Kraft des Positiven Denkens ist oft beschworen worden. Jost Heider geht mit seiner Lehre einen Schritt weiter: Positiv denken ist wichtig, und genauso wichtig ist die Erkenntnis der Schicksalhaftigkeit.

Jost Heider

DU UND DEIN SCHICKSAL

Das Geheimnis
deines Lebens

ARKANA

GOLDMANN

Umwelthinweis
Alle bedruckten Materialien dieses Taschenbuches
sind chlorfrei und umweltschonend.

Originalausgabe Januar 2000
© 2000 INAEON Media GmbH, Andrea Sixt
Licensed by Copyright Promotions GmbH
© 2000 der deutschsprachigen Ausgabe
Wilhelm Goldmann Verlag, München
in der Verlagsgruppe Bertelsmann GmbH
Umschlaggestaltung: Design Team München
Umschlagmotiv: Mauritius, Atsushi Tsunda
Porträtfoto von Jost Heider auf Seite 1: Tom Jacobi
Verlagsnummer: 21573
Redaktion: Claudia Alt
WL · Herstellung: Stefan Hansen
Satz: Uhl + Massopust, Aalen
Druck: Presse-Druck Augsburg
Made in Germany
ISBN 3-442-21573-0

1. Auflage

Mit Dank an Andrea Sixt,

*die mir half, mein Schicksal als
Botschafter der Hoffnung
zu erfüllen.*

Dank an Heike Lutter, Frauke Gutmann und
Mike Ungefehr für ihre Mitarbeit an diesem
Buch, an meinen Coach Eric Morris und meinen
Berater Lee Winkler, die immer an meine Vision
geglaubt haben, an Ulla Felten für ihren Mut,
und an Renate Watty für ihre Geduld und ihre
Unterstützung

Inhalt

Vorwort

Ich schreibe dieses Buch aus Dankbarkeit dafür, erkennen zu dürfen, daß wir alle Teil eines großartigen göttlichen Planes sind. Indem wir diesen vorbestimmten Weg akzeptieren, erleben wir unsere eigene Befreiung.

Ihnen, liebe Leserinnen und Leser, möchte ich die Möglichkeit geben, durch Anregungen Ihren ureigenen kosmischen Weg herauszufinden und einer strahlenden Zukunft entgegenzugehen. Wie oft im Leben bemühen wir uns, kämpfen gegen imaginäre Feinde, erleben Blockade an Blockade und sind erschöpft, frustriert und verzweifelt.

Diese Art von Leben entspricht nicht dem Schöpfungsplan. Wir werden durch gesellschaftliche Zwänge, fremdbestimmtes Verhalten, Einwirkung von Autoritäten, denen wir Macht über uns einräumen, zu hilflosen Geschöpfen getrimmt. Die Befreiung liegt im Erkennen unserer ureigenen Kreativität und im Verweigern des falsch verstandenen Gehorsams.

Liebe Leserinnen und Leser, diese Lektüre kann Ihr Weg zu sich selbst und zur Erkennung Ihres großartigen Potentials sein. Viel Spaß auf der Reise!

Befreiung

Legt den alten Menschen ab, der sich
mit seinen eigensüchtigen Wünschen
selbst betrügt. Laßt Euch einen
neuen Geist schenken.
Zieht den neuen Menschen an, den
Gott nach seinem Bild geschaffen hat.
Dann könnt Ihr recht und heilig leben,
wie Gott es will.

(Eph. 4,22–24)

Du gehst zur Arbeit, gehst nach Hause, bist verzweifelt, gehst zur Arbeit, gehst nach Hause...

Haben Sie sich je gefragt: Ist das, was ich mache, identisch mit dem, was ich bin?

Sie vernachlässigen Ihre Seele und fragen sich: Warum bin ich nicht glücklich?

Die Befreiung beginnt, wenn Sie erkennen: Ich bin nicht nur Körper, sondern ich bin eine Seele, die einen Körper hat.

Das Gefäß für die Seele ist der Körper. Deshalb müssen Sie Ihren Körper wichtig nehmen. Er muß gesund sein. Aber der Körper ohne Seele kann nie das Glück finden.

Sie können also joggen, in ein Bodybuildingstudio gehen, Karriere machen, fünf Autos fahren, eine riesige

Wohnung haben und trotzdem unglücklich sein. Wenn Sie Ihre Seele vernachlässigen, werden Sie scheitern, das heißt, Sie werden Ihre innere Glückseligkeit nicht finden.

Sie sind Teil eines immerwährenden kosmischen Kreislaufs, und wenn Sie das verstehen, verliert die Körperstruktur die Wichtigkeit, die Sie ihr ein Leben lang gegeben haben.

Es ist vollkommen nebensächlich, wie Ihre Kleidung aussieht, ob Sie sehr häufig ausgehen, sich präsentieren, Rollenspiele spielen.

Sie können nur innere Glückseligkeit erlangen, wenn Sie ganz tief in sich hineingehen und fragen:

- Wer bin ich wirklich?
- Was ist meine Veranlagung?

Du gehst zur Arbeit, gehst nach Hause, bist verzweifelt, gehst zur Arbeit … Du bewertest andere, andere bewerten dich.

Haben Sie sich je gefragt:

- Was tut mir gut?
- Welche Träume habe ich?
- Was erwarte ich von meinem Leben?
- Was möchte meine Seele?
- In welche Richtung soll ich gehen?

Sie sind nicht ein menschliches Wesen, das eine spirituelle Erfahrung macht, sondern Sie sind ein spirituelles Wesen, das eine menschliche Erfahrung macht.

Sie sind Teil eines großartigen kosmischen Planes, und innerhalb dieses Planes haben Sie Ihre Aufgabe zu erfüllen.

Wenn Sie im Einklang sind mit diesem großen Plan, Ihre Gedanken im Einklang sind mit dem kosmischen Gedanken, dann können Sie glücklich werden. Wenn das nicht so ist, dann leiden Sie.

Unzählige Menschen hetzen von Termin zu Termin, ohne sich ihres inneren Drucks bewußt zu sein.

Erkennen Sie diesen Druck und kommmen Sie zur inneren Ruhe.

Braucht man dazu stundenlange Meditation? – Nein. Man braucht morgens etwa eine halbe Stunde, in der man sich fragt, was will mein wahres ICH? Wenn ich in Kontakt trete mit meinem inneren Selbst, mit meinem kosmischen Auftrag, dann wird alles ganz leicht gehen.

Wenn ich eine Blume pflanze, werde ich nicht permanent daneben stehen und sagen: Wachse! Die Blume wächst oder wächst nicht. Wenn Sie permanent Druck auf sich ausüben oder sich unter Druck fühlen, werden Sie trotzdem nicht in die schicksalhaften Abläufe eingreifen können.

Man setzt sich zu oft unter Druck, will Erwartungshaltungen von anderen erfüllen. Befreiung ist das Freisein von diesem Druck.

Warum sagen Sie sich nicht: Wow, ich widerspreche

der Norm! Wow, ich habe eine Meinung! Wie wäre es denn, wenn ich das wiedergebe, was aus mir herauskommt?

Aus Angst vor Beurteilung unterdrückt der Mensch seine Gefühle und wird manipulierbar. Er wird – als sogenanntes Lebewesen – im Mittelmaß dahinschwimmen.

- Wann haben Sie das letzte Mal frei gelebt?
- Wann haben Sie das letzte Mal den Duft einer Blume genossen?
- Wann haben Sie das letzte Mal in die Wolken hineingeschaut und gesagt: Wow, ist das ein tolles Gefühl!

Sind Sie befreit, können Sie dieses Gefühl jederzeit und überall haben.

Es kommen mit Sicherheit Menschen auf Sie zu, die Ihnen sagen, daß diese Art von innerer Befreiung nur in einem Ashram in Indien möglich ist, daß Sie einen Guru brauchen oder daß Sie einer Kirche angehören müssen.

Wie wäre es, wenn Sie sich auch von diesen Gedanken befreien? Sie können Ihr eigener Guru sein. Was ist der Unterschied zwischen Jesus und Ihnen? Es gibt keinen, wir sind alle Kinder Gottes.

Sie haben – wie Jesus – die Möglichkeit, Ihren Weg zu Gott zu gehen und Ihr spirituelles Selbst zur vollen Entfaltung zu bringen.

- Befreien Sie sich von Schuldgefühlen.
- Befreien Sie sich von gesellschaftlichem Druck.
- Befreien Sie sich von kirchlichem Druck.

Wo liegen Ihre Blockaden? Wo liegt Ihre Unfähigkeit, sich frei und offen auszudrücken?

Sind Sie ein mutiger Mensch oder sind Sie ängstlich?

Wenn Sie Angst davor haben, sich auszuleben, dann sind Sie ein wunderbares Opfer. Wenn Sie keinen Mut haben: Willkommen im Mittelmaß!

Mut ist die Bereitschaft, für Handlungen Verantwortung zu übernehmen und die Konsequenzen zu tragen.

Sie können sagen: Mut beinhaltet die Möglichkeit des Scheiterns.

Befreien Sie sich auch von diesem Gedanken! Es gibt kein Scheitern – es gibt nur VICTORY! Es gibt nur Sieg, nämlich den Sieg über den Glauben, es gäbe ein Scheitern.

Wenn Sie scheitern, haben Sie eine Erfahrung gemacht, und diese Erfahrung trägt Sie weiter und weiter.

Die Geschichte ist voll von Menschen, die nicht aufgegeben haben und dann erfolgreich wurden.

Sie hörten nur auf ihren inneren Auftrag – nicht auf die äußere Norm, die äußere Konditionierung.

Freiheit und Glückseligkeit entstehen nur, wenn Sie im Einklang mit sich selbst sind.

Achten Sie darauf, wie viele Menschen in Ihrem Freundes- und Bekanntenkreis Ihnen guttun. Viele Menschen befinden sich in einem Umfeld, in dem sie permanent niedergemacht werden und meinen, daß das der Norm entspräche.

Wann haben Sie das letzte Mal gehört: »Du hast große Träume, ich unterstütze dich.«

Befreien Sie sich von allen Menschen, die Ihnen einreden wollen, Sie seien ein Versager!

* *Dann werden Sie einer* *
   strahlenden Zukunft entgegengehen.

Schicksal

Der Menschen Herz denkt sich
einen Weg aus, aber der Herr
lenkt seinen Schritt.

(Spr. 16,9)

Was ist Schicksal?

Kennen Sie diese Situation?

Du willst Filmstar werden, erfolgreiche Managerin oder Vorstandschef und bemühst dich und arbeitest dich ab. Und je mehr du dich bemühst, desto verzweifelter wirst du. Und eines Tages stellst du fest, daß ein anderer ohne Anstrengung das bekommen hat, was du haben wolltest.

Welche geheimnisvollen Kräfte sind da am Werk? Dem einen Menschen fällt alles scheinbar ganz mühelos zu, der andere muß sehr hart für sein Glück kämpfen.

Welche Kraft entscheidet, wann wir bereit für etwas sind und ob wir etwas erreichen oder nicht?

Im ersten Kapitel sprechen wir von Befreiung. Nach der Befreiung kommt etwas, was größer ist als wir:

Wir sind vom Schicksal bestimmt!

Sie wollen reich und wichtig sein, sind aber pleite und ohne Erfolg? Sie wollen eine neue Partnerin, können aber aus der alten Partnerschaft nicht ausbrechen?

✳ *Das ist Schicksal!* ✳

Schicksal heißt: Es existiert ein großer, göttlicher Plan, in dem wir die uns zugedachte Rolle spielen.

Es ist für uns oft schmerzhaft, unsere Wünsche unerfüllt zu sehen. Das Annehmen des Schicksals scheint uns ein schwerer Kampf.

Sollten wir nicht vielleicht in genau diesem Punkt unsere Einstellung ändern?

Jeder Mensch verfügt über ein Ego.

Das Ego ist das dominante, egoistische Selbst, ähnlich einem kleinen verzogenen Kind, das mit den Füßen aufstampft und in die Welt posaunt: »Ich will!« ohne dabei die geringste Ahnung zu haben, was wirklich gut für es ist.

Das Ego diktiert uns unsere Wünsche und hat dabei keinen Einblick in den göttlichen Plan.

Schicksal ist die Kraft, die unkontrollierbar auf uns einwirkt und versucht, das Ego zu zerstören.

Schicksal hindert uns daran, den falschen Weg zu gehen. Der Schmerz, der entsteht, wenn wir etwas nicht erreichen, ist nur ein Signal dafür, loszulassen und die Richtung zu ändern.

Wir sollten also dankbar sein, wenn wir nicht immer bekommen, was wir wollen.

Auch Jesus hat gelitten, er hat sein Kreuz getragen. Er hat es nicht ärgerlich getragen, sondern in Demut.

Kannst du dein Kreuz tragen? Wo ist dein Kreuz?

Dein Kreuz ist da, wo du im Leben etwas schmerzhaft erfährst. Wie verzweifelt bist du darüber? Oder solltest du dich nicht besser fragen, wie euphorisch bist du zu erkennen, daß du genau das, wofür du am meisten kämpfst, nicht bekommen kannst?

Als Christ wirst du sagen: Gott hat mir in diesem Leben eine schicksalhafte Aufgabe gegeben, mit der ich fertig werden muß.

Wenn du und deine Gedanken im Einklang sind mit dem Universum, sagt es »JA« zu all deinen Wünschen.

Um in Einklang mit dem Universum zu kommen, sollte man sich zwei Fragen stellen:

- Wo bemühe ich mich unendlich, aber stets aussichtslos?
- Sollte ich vielleicht genau an diesem Punkt loslassen?

Bei der Beantwortung dieser Fragen helfen unter anderem Therapien, Psychoanalyse und Selbsterfahrungsseminare. Doch bedenken Sie: Diese Hilfen können Ihnen nur Ihre schicksalhaften Blockaden bewußt machen, Sie aber nicht befreien.

Das Überwinden der Blockaden ist Gottes Werk, das Werk des Schicksals. Wenn mein Wille und Gottes Wille eins sind, bin ich befreit.

Die meisten Menschen sind blockiert, wenn es um ihren intensivsten Wunsch geht.

Die Energie im Universum fließt ganz leicht, und der Druck, etwas unbedingt haben zu wollen, drückt das Gelingen weg.

Erst wenn der Druck nachläßt und der Mensch die verkrampfte Situation verläßt, passiert etwas Magisches, und er bekommt die Ergebnisse, um die er sich vorher so sehnlichst bemühte.

Wenn die Wolken am Himmel aufsteigen
so ist das ein Zeichen, daß es regnen wird,
da läßt sich dann weiter nichts machen
als warten, bis der Regen fällt.
So ist es auch im Leben,
wenn ein Schicksal sich vorbereitet
solang die Zeit noch nicht erfüllt ist
soll man nicht sorgen
und durch eigenes Machen und Eingreifen
die Zukunft gestalten wollen,
sondern in Ruhe Kraft sammeln
durch Essen und Trinken für den Leib
durch Heiterkeit und guter Dinge sein für den Geist.
Das Schicksal kommt ganz von selbst
und dann ist man bereit.

I Ging

Es ist gut, die Dinge, die geschehen wollen, geschehen zu lassen ohne einzugreifen.

Es ist gut, sich nicht einmal einzubilden, man könnte eingreifen. Sein Schicksal zu akzeptieren, heißt nicht, daß man nichts tun soll.

Es bedeutet, daß man sich von dem ungeheuren Druck des Wollens und Müssens befreien soll.

Ich bekomme von Gott etwas, was ich annehmen muß. Das bedeutet, Demut vor dem Schicksal und dem Schöpfer zu haben.

Erkennen Sie, wo Ihre Blockaden sitzen und wo Ihre Energien fließen.

Erkennen Sie schicksalhafte Zusammenhänge

* *und gehen Sie einer strahlenden Zukunft entgegen.* *

Schickung regiert die Welt, unter festen Gesetzen steht alles,
feste Bestimmungen prägen die langen Jahre des Lebens.
Ab der Geburt droht uns Tod, und das Ende hängt schon am Anfang.
Dort entspringt Reichtum und Macht und noch häufiger Armut,
ward den Geschöpfen Begabung sowie der Charakter verliehen,
Laster und Tugenden auch und Gewinn und Verlust des Vermögens,
Niemand kann dem Gebotnen entkommen, Versagtes erreichen

Oder das störrische Glück mit seinen Gebeten erzwingen
oder, wenn's kommen will, fliehen: sein Schicksal muß jeder ertragen.

Manilius

Zeitqualität

Was immer geschieht, es ist längst
bestimmt, fest steht,
was aus einem Menschen wird,
und er kann nicht rechten
mit dem, der mächtiger ist als er selbst.

(Koh. 6,10)

Neben der Zeitquantität gibt es auch noch die Zeitqualität. Zeitqualität beschäftigt sich nicht mit der Dauer von Zeit, sondern mit der Vorherrschaft von Prinzipien, die diesen Zeitraum prägen.

Getreu dem Gesetz der Analogie, »Wie oben, so unten«, kann man gewisse Prinzipien in allen Bereichen des Kosmos beobachten. Sie zeigen sich im Mikrokosmos Mensch ebenso wie im Makrokosmos Sternenhimmel.

Die Astrologie ist die Lehre dieser Prinzipien. Sie wählt die Himmelskörper als Repräsentanten dieser Grundsätze.

Viele werden mit diesem Thema Probleme haben, da sie bisher nur die Sonnenstandsastrologie kennen, die in den Medien propagiert wird.

Diese Astrologie richtet sich ausschließlich danach, in welchem der zwölf Tierkreiszeichen die Sonne zum Zeitpunkt der Geburt stand:

Widder	21. März – 20. April
Stier	21. April – 21. Mai
Zwilling	22. Mai – 21. Juni
Krebs	22. Juni – 22. Juli
Löwe	23. Juli – 23. August
Jungfrau	24. August – 23. September
Waage	24. September – 23. Oktober
Skorpion	24. Oktober – 22. November
Schütze	23. November – 21. Dezember
Steinbock	22. Dezember – 20. Januar
Wassermann	21. Januar – 19. Februar
Fische	20. Februar – 21. März

Jedem Sternzeichen sind bestimmte Eigenschaften zugeordnet. So zeichnet sich zum Beispiel der unter dem Tierkreiszeichen Widder geborene Mensch durch einen kämpferischen, leicht erregbaren, sehr energetischen Charakter aus.

Wir können Menschen grob in zwölf verschiedene, vom Sonnenstand beeinflußte Kategorien einteilen. Aber es ist ein unvollkommenes Bild, da viele wichtige Faktoren fehlen.

Die Sonnenstandsastrologie ist unpräzise.

Wir hingegen sprechen von der Astrologie der Geburtsminute.

Das Horoskop ist eine Momentaufnahme des Universums zum Zeitpunkt der Geburt. Ab der Minute, in der Sie auf dem Planeten Erde gelandet sind, vollziehen sich energetische Zusammenhänge, die man durch das Kosmogramm erkennen kann.

Ein Kosmogramm ist die graphische Darstellung der Tierkreiszeichen, der Planeten und ihrer Beziehungen untereinander zum Zeitpunkt Ihrer Geburt.

Um ein genaues Kosmogramm zu erstellen, brauchen Sie den Geburtsort, das Jahr, den Tag, die Stunde und die Geburtsminute.

Aus diesen Angaben kann man nicht nur ersehen, in welchem Tierkreiszeichen die Sonne zum Zeitpunkt Ihrer Geburt stand. Man erkennt zusätzlich die Position von Mond, Merkur, Venus, Mars, Jupiter, Saturn, Uranus, Neptun und Pluto.

Es ist ein großer Unterschied, ob ich von einem Menschen beispielsweise nur die Information habe: »Sonne im Widder«, oder noch zusätzliche Angaben: »Mond im Schützen«, »Merkur im Skorpion«, »Venus in den Fischen«, »Jupiter im Löwen« etc.

Wenn man diese Informationen zusammenfaßt, hat man schon ein etwas präziseres Bild.

Hinzu kommt noch das Häusersystem. Ausgehend von Ihrer Geburtsminute wird der innere Kreis des Horoskops in zwölf Abschnitte, die Häuser, aufgeteilt.

Die Planeten geraten, je nach ihrer Position, im Kosmogramm unter den Einfluß dieser Häuser. Die Häuser beziehen sich auf bestimmte Lebensbereiche, wie zum Beispiel Besitz, Beruf, Familie usw.

So ergeben sich noch detailliertere Informationen,

etwa: Mond im Schützen im 4. Haus, Merkur im Skorpion im 1. Haus etc.

Dazu kommen noch die Beziehungen der Planeten, die energetisch fließen oder blockierend zueinander stehen. Es gibt Konjunktionen, Oppositionen und Trigone, um die wichtigsten zu nennen.

Der Aszendent, das Zeichen, das am östlichen Horizont zur Zeit Ihrer Geburt aufging, und der Deszendent (der *Medium coeli*, der Mondknoten) bestimmen ebenfalls die Zeitqualität zum Zeitpunkt Ihrer Geburt, der Zeitschwingung, die Ihr Schicksal bestimmt.

Die Summe all dieser Informationen ergibt ein sehr präzises Bild, das so individuell ist wie ein Fingerabdruck.

Die Astrologie arbeitet mit Symbolen, die man in eine Form bringen kann. Aber aus dieser Form kann man auf keinen Fall ersehen, was sich genau ereignen wird. Man kann nur eine Zeitschwingung vermitteln.

Ein guter Astrologe kann eine Charakteranalyse erstellen. Er kann sehen, ob ein Mensch viel oder weniger Glück hat. Er kann Lebenshöhepunkte erkennen, Veränderungen und auch die Schwierigkeiten, die ein Mensch haben wird.

Der Betrug fängt an, wenn der Astrologe Ihnen sagt, was konkret passieren wird.

Am Fall der Sonnenfinsternis vom 11. August 1999 kann man leicht sehen, welcher Unfug mit falsch verstandener Astrologie getrieben werden kann. Da es astrologisch ein Tag voller Spannung war, wurde Angst vor Flugzeugunglücken, Umweltkatastrophen, Börsencrashs und Weltuntergang geschürt.

Viele Menschen wurden lange vorher in Panik versetzt. Selbst wenn an diesem Tag etwas Schreckliches passiert wäre, hätte man ohne dieses Wissen bis zu diesem Tag ein befreites Leben gelebt und Spaß gehabt, anstatt schon Jahre vorher Angst zu haben.

Sie können zum Astrologen, Wahrsager, Kartenleger oder zum Numerologen gehen. Jedesmal sind Sie abhängig von der Interpretation des Menschen, der Sie berät. Und der wird Sie nur seinem Bewußtsein entsprechend beraten.

Wie oft landen Menschen bei Zukunftsdeutern, die ihnen negative Denkmodelle aufzwingen? Die ihnen erzählen, sie würden krank werden, etwas nicht schaffen etc.? Vorsicht mit diesen astrologischen Deutungen!

Suchen Sie einen Astrologen, der Sie nach Ihren Wünschen fragt und feststellt, ob Sie im Einklang mit Ihrem Karma und Schicksal sind.

Arbeiten Sie mit einem Astrologen zusammen, der Ihnen Hoffnung und Glauben gibt, der Ihnen hilft, eine Zeitschwingung, die aus dem Kosmogramm ersichtlich ist, für sich zu nutzen und zu verstehen.

Es ist viel einfacher, mit einer Krise zu leben, wenn man weiß, daß es sich um eine vorprogrammierte problematische Zeitschwingung handelt, die nicht ewig anhält.

Gehen Sie zu einem Astrologen, der an eine höhere Macht glaubt. Denn dieser Astrologe wird wissen, daß das Kosmogramm Ihre Lebensaufgabe zeigt.

Wie auch immer Ihre Aufgabe ist – Sie werden sie meistern

✳   *und in eine strahlende Zukunft gehen.*   ✳

Innere Ruhe

> Kommet her zu mir alle, die Ihr
> mühselig und beladen seid, so will ich
> Euch Ruhe geben.
> Nehmet mein Joch auf Euch und lernet
> von mir, denn ich bin sanftmütig und
> von Herzen demütig, so werdet Ihr Ruhe
> finden für Eure Seelen.
>
> (Mt. 11,28–29)

Unsere Welt wird immer hektischer. Autos, Züge und Flugzeuge werden immer schneller, TV-Bilder immer unruhiger, unsere Musik immer schriller und lauter, die Eindrücke immer flüchtiger.

Immer mehr Partys, mehr Drogen, Beziehungen, die immer schneller beendet werden. Wir sind auf dem Sprung: gestern Los Angeles, morgen Paris. Wer »in« sein will, jettet durch die Welt. Wir jagen von Termin zu Termin und hetzen durch unser Leben.

Vielleicht ist es mal an der Zeit, kräftig auf die Bremse zu treten.

Die hektische Welt, die wir uns selbst erschaffen haben, bietet uns zahlreiche Möglichkeiten, uns vom Wesentlichen abzulenken: Je mehr Aktivitäten wir nachgehen, desto weniger Zeit haben wir, über uns nachzudenken.

- Wir lenken uns permanent ab.
- Wir flüchten.

Ist es so schmerzhaft, zur Ruhe zu kommen? Ist in uns so viel Verzweiflung, daß wir uns fürchten, ganz tief in uns hineinzuspüren?

Der Schmerz und die Verzweiflung werden nicht weniger, wenn wir durch unser Leben hetzen und uns ablenken.

Um glückliche Menschen zu werden, müssen wir uns dem Schmerz stellen. Nehmen Sie Ihr Joch auf sich!

Wir müssen erst erkennen, wer wir sind, bevor das wahre Leben beginnt.

Die Befreiung vom Druck entsteht nicht durch Ablenkung in äußeren Aktivitäten, sondern durch Bewußtwerdung.

Jesus, Johannes der Täufer, der Prophet Elias und viele andere große Meister sind in die Wüste gegangen, sind vollkommen ausgestiegen, haben gefastet, um ihre innere Ruhe zu finden. In der Einsamkeit und Abgeschiedenheit haben sie nach sich und ihrer Berufung gesucht. In der Ruhe fanden sie die Klarheit, ihre Ziele zu definieren, und die Kraft, sie zu verfolgen. Sie brauchen nicht gleich für Monate in die Wüste zu gehen. Nehmen Sie sich ein paar Stunden Zeit. Setzen Sie sich ans Meer, in die Berge, auf eine Wiese und schauen Sie sich mal an, wie großartig die Schöpfung ist.

- Meditieren Sie.
- Beten Sie.
- Reflektieren Sie darüber, wer Sie sind und wohin Sie wollen.

Wenn wir uns die Zeit nehmen und tief genug in unser Innenleben hineinhorchen, werden wir feststellen, daß es total bunt, bewegt und spannend ist.

Viele Menschen haben Angst davor, allein zu sein. Sie denken, sie wären unfähig, allein glücklich zu werden. Diese Angst verschwindet aber nicht, wenn sie sich unter Menschen begeben.

Erst die Erfahrung von Ruhe und Einsamkeit macht Sie zu einem starken, kraftvollen Menschen.

Ruhe heißt nicht Müßiggang und Faulenzen:

Die Auseinandersetzung mit sich selbst ist die härteste aller Arbeiten!

Unsere Aufgabe dabei ist nicht, uns zu verändern, sondern zu uns selbst zu kommen. Aus der Diskrepanz zwischen dem, was wir sind und dem, was wir sein wollen, entstehen unsere inneren Spannungen. Je weiter Ihr Wunsch, etwas zu sein, von Ihrem jetzigen Zustand entfernt ist, desto größer ist Ihre Spannung.

Je mehr Sie und Ihr Wollen identisch sind, desto geringer ist die Spannung.

- Hören Sie auf, anders sein zu wollen.
- Lösen Sie sich von den Vorstellungen anderer.

- Lassen Sie sich nicht mehr einreden, wie Sie zu sein haben, was Sie zu tun oder zu lassen haben.
- Akzeptieren Sie, daß Sie wunderbar sind, so wie Sie sind.
- Entscheiden Sie für sich selbst: Wer bin ich? Wohin will ich? Was brauche ich?

Wenn Sie Ihre Seelenruhe gefunden haben, kann Sie nichts mehr erschüttern. Sie sind stark genug für diese unruhige Welt und bereit, Ihr Schicksal zu meistern.

* *Und Sie werden in eine strahlende Zukunft gehen.* *

Glauben

Glaubt Ihr nicht,
so bleibt Ihr nicht.

(Jes. 7,9)

Was ist Glauben?

Sie werden mit Sicherheit sagen: »Ich glaube seit zehn Jahren, daß ich einen neuen Partner finde, aber ich halte immer noch an der alten Beziehung fest.« – »Ich glaube seit fünfzehn Jahren, daß ich befördert werde, aber es klappt immer noch nicht.«

Wenn Sie sagen: »Ich glaube daran, daß ich mein Ziel erreiche«, meinen Sie damit nicht viel mehr »Ich denke, ich könnte es erreichen«, oder haben Sie wirklich Glauben und meinen damit »Ich habe unerschütterliches Vertrauen…«?

- Glauben ist keine intellektuelle Fähigkeit, sondern Glauben entspringt der Seele.
- Glauben ist stärker als Wissen. Glaubenskraft ist unbegrenzt. Glauben heißt oft, etwas wider aller Vernunft für wahr zu halten.

Wer nur auf Vernunft vertraut, wird scheitern.

Logisches Denken und die Anbetung von Fakten hindern uns oft und blockieren unsere Glaubenskraft. Zweifel tauchen auf und machen unsere Träume zunichte.

Zweifel entspringen unserem Unbewußten.

In Ihrem Unbewußten sind alle Programme Ihrer Kindheit gespeichert.

Welche Botschaften haben Ihnen Ihre Eltern in Ihrer Kindheit gegeben?

Hat Ihnen Ihr Vater gesagt: »Du bist nur ein Staubkorn im Universum. Nimm dich nicht so wichtig«?

Hat Ihnen Ihre Mutter gesagt: »Sei bescheiden und passe dich an«?

Solche Inhalte graben sich oft tief in unser gesamtes System ein. Wenn diese frühkindlichen Botschaften in Ihrem Unbewußten verankert sind und Ihre Gedanken bestimmen, haben Sie keine Chance, Großes zu leisten.

Wenn Sie sich nicht für wichtig halten, werden Sie immer Resultate erzielen, die genau das widerspiegeln. Wenn Sie sich bescheiden und anpassen, werden Sie ein bescheidenes und angepaßtes Leben vor sich haben, aber niemals grandiose Erfolge erzielen.

Was kann ich tun, um diese Konditionierung zu überwinden?

- Erkenne diese Begrenzungen.
- Nimm bewußt diese Programmierung an.
- Versuche nicht, krampfhaft die Situation zu verändern.

- Werde dir radikal klar über deine Zielsetzung.
- Glaube, daß Gott dich zur perfekten Zeit befreit.

*   *Wenn du nicht weißt, wo du hinsegeln*   *
    willst, ist jeder Wind vergebens.

Wenn du nur verschwommene Zielsetzungen hast, kann auch der größte Glaube nicht helfen. Du mußt zunächst wissen, welche Ziele du erreichen willst.

Dabei kann dir die Astrologie helfen. Sie zeigt dir deine innere Berufung.

»Gott gab jedem eine besondere Gabe, dem einen diese, dem anderen jene.«   (1. Kor. 7,7)

Finde dieses innere Juwel, deinen ureigenen kosmischen Auftrag heraus und verfolge ihn mit felsenfester Überzeugung. Diese Suche sollte für dich in deinem Leben absolute Priorität haben.

Sie ist wichtiger als jeder äußere Erfolg.

Das Neue Testament ist voll von Zitaten zum Thema Glauben:

- Euch geschehe nach Eurem Glauben.
- Alles ist möglich, dem der glaubt.
- Selig sind die, welche nicht gesehen und doch geglaubt haben.
- Der Glaube versetzt Berge.

- Wenn Ihr Glauben habt, auch nur so groß wie ein Senfkorn, werdet Ihr zu diesem Berge sprechen: Hebe dich hinweg von hier nach dorthin! Und er wird sich hinwegheben, und nichts wird euch unmöglich sein.

Stellen Sie sich vor: Wenn Sie nur soviel Glauben haben, wie das winzige Senfkorn, können Sie bereits Berge versetzen. Wieviel mehr können Sie bewegen, wenn Sie Glauben hätten so groß wie ein Baum oder so gewaltig wie das Universum?

Ihre Ziele im Leben können Sie nur erreichen, wenn Sie bedingungslos an sie glauben, selbst wenn es Ihrem Verstand unmöglich erscheint und alle Fakten dagegen sprechen.

Erst wenn Ihr Glaube zum unerschütterlichen Wissen ohne Zweifel geworden ist, können Sie wirklich Berge versetzen. Erst wenn Sie sich von nichts und niemandem Ihr Gottvertrauen nehmen lassen, kann keine Macht der Welt Sie mehr von Ihrem Glück abhalten.

* *Und Sie werden in eine strahlende Zukunft gehen.* *

Menschen, die nicht aufgegeben haben: Man legte ihnen Steine in den Weg, aber sie ignorierten die Negativbotschaften ihrer Mitmenschen und hatten Vertrauen in ihre Fähigkeiten.

- Thomas Edison erhielt die Botschaft: zu dumm zum Lernen.
- Winston Churchill wurde gesagt, er sei langsam und hoffnungslos.
- Walt Disney, der gerne malte und zeichnete, wurde als untalentiert hingestellt.
- Louis Pasteur hielt man im Fach Chemie für mittelmäßig begabt.
- Beethovens Lehrer nannte ihn einen hoffnungslosen Komponisten.
- Leo Tolstoi beschrieb man als unfähig und unwillig zu lernen.
- Enrico Carusos Lehrer sagte ihm nach, er habe keine Stimme und er könne nicht singen.
- Abraham Lincoln erlitt unzählige Niederlagen, bevor er amerikanischer Präsident wurde.

❊ *Glauben Sie an sich selbst?* ❊

Beziehungen

Wir stehen zueinander wie Teile,
die sich gegenseitig ergänzen.
(Röm. 12,5)

Die wichtigste Beziehung in Ihrem Leben ist die Beziehung zu sich selbst.

Wenn Sie keine Klarheit in sich haben, können Sie nur Unklarheit im Außen anziehen.

Beobachten Sie Ihr Umfeld: Begegnen Ihnen strahlende Menschen, die Sie glücklich machen, oder Menschen, die Sie einengen?

*
*Beziehungen mit anderen Menschen
sind Ihr Spiegelbild.*
*

Ein Spiegel zeigt uns ganz deutlich, was wir ohne ihn nicht sehen könnten. Er zeigt unsere äußere Erscheinung.

Lernen wir, unsere Beziehungen als Spiegel zu sehen, dann könnten wir erkennen, wie wir im Inneren sind.

Wir sollten also unser Umfeld sorgfältig betrachten.

Die erste Beziehung, die ein Mensch hat, ist diejenige zu den Eltern. Mutter und Vater prägen in unseren ersten Lebensjahren die Qualität aller späteren Begegnungen:

Wenn Sie als Frau einen strengen Vater hatten, ist die Chance sehr hoch, daß Sie einen strengen Ehemann anziehen.

Wenn Sie als Mann eine dominante Mutter hatten, werden Sie dazu tendieren, Frauen zu treffen, die dieses Bild widerspiegeln.

Wir neigen auch dazu, die Beziehung unserer Eltern zueinander in unseren Partnerschaften bewußt oder unbewußt zu imitieren. Wenn unsere Beziehungen nicht funktionieren, liegt die Ursache sehr oft in der frühesten Kindheit. In Therapien hat man die Möglichkeit, die frühkindlichen Muster zu erkennen und dadurch ein bewußteres Leben zu führen.

Im Kosmos gibt es keinen Zufall, deshalb ist Ihre Partnerschaft immer Schicksal.

Die Beziehung zwischen Mann und Frau ist eine karmische Angelegenheit:

- Sie hilft Ihnen bei der Auflösung der kindlichen Muster.
- Sie hilft Ihnen bei Ihrem inneren Wachstum.
- Sie hilft Ihnen bei Ihrer Selbsterkenntnis.

Je bewußter Sie Ihre Partnerschaft leben, desto schneller kommen Sie auf Ihrem Weg zu Gott voran.

Die Liebe, die Sie dem anderen geben, hilft Ihnen, Ihre eigenen Wunden zu heilen. Machen Sie Ihre Partnerschaft zur gemeinsamen spirituellen Reise, zur gemeinsamen Suche nach dem Göttlichen. Widmen Sie Ihre Partnerschaft Gott.

Begrüßen Sie Schwierigkeiten in der Partnerschaft. Sie sind eine großartige Chance, über sich hinauszuwachsen. Es ist wenig sinnvoll, wütend auf Menschen zu sein, die Sie behindern.

Fragen Sie sich lieber:

- Was in meinem Bewußtsein zieht diese Menschen an?
- Warum lade ich nicht Freunde in mein Leben ein, die mich aufbauen, statt mich niederzumachen?

Das Geheimnis erfüllter Beziehungen ist, das Göttliche im anderen zu schätzen. Menschen haben ihre persönliche Geschichte, die sie zu dem macht, was sie sind. Wir haben kein Recht, sie zu verurteilen. Akzeptieren Sie sie mit allen guten und schlechten Eigenschaften.

Versuchen Sie nicht, sie zu ändern. Wünschen Sie ihnen aufrichtig alles Gute und segnen Sie sie. Aber mischen Sie sich nicht unaufgefordert in ihr Leben.

Verändern Sie die Beziehung zu sich selbst, dann verändert sich Ihr Leben. Solange Sie sich ablehnen, werden Sie Menschen mit negativen Denkmodellen anziehen.

*Erkennen Sie Ihren Herzenswunsch
und folgen Sie ihm.*

Sie können nur glücklich sein, wenn Sie erkennen, was Ihre Seele schwingen läßt.

Wenn Sie Ihrem Seelenwunsch folgen, werden Ihnen Menschen begegnen, die Sie unterstützen und Ihnen helfen, Ihre Träume wahr zu machen.

*Und Sie werden in eine
strahlende Zukunft gehen.*

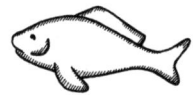

Die sieben Wege zum Erfolg

Befiehl dem Herren deine Werke,
so werden deine Pläne gelingen.

(Spr. 16,3)

1. Es muß in Ihrem Bewußtsein im Bereich des Möglichen sein, Ihr Ziel zu erreichen.

   Wenn Sie es sich vorstellen können, können Sie es auch tun.

   Träumen Sie großartige Träume. Goethe sagt: »Wenn Ihr es nicht fühlt, Ihr werdet's nie erfahren.«

   Gehen Sie ganz tief in Ihr Unbewußtes und finden Sie heraus, ob Ihre Träume mit Ihrem inneren Wertesystem übereinstimmen.

   Sie müssen sich fragen:

   • Was habe ich als Kind gefühlt?
   • Welche Träume hatte ich?

2. Sie können nur in Kooperation mit anderen Menschen Ihre Träume verwirklichen. Wie der Schauspieler sein Publikum braucht, so brauchen Sie Ihre Mitmenschen.

3. Wenn Sie etwas erhalten wollen, müssen Sie geben können.

4. Seien Sie begeistert von Ihrem Traum. Glauben Sie wirklich an ihn!

    Springt Ihre Begeisterung auf andere über, oder verpufft Ihr Traum bei der ersten Zurückweisung?

�✱ *Begeisterung reißt Barrieren ein.* ✱

5. Seien Sie radikal offen und ehrlich mit sich selbst. Hinterfragen Sie Ihren Traum. Sie müssen für die Realisierung Ihres Lebensziels einen Preis bezahlen. Werden Sie sich darüber klar.

✱ *Durchhalten, durchhalten,*
durchhalten! Niemals aufgeben! ✱

6. Alles geschieht nach Gottes ureigenem Zeitplan. Alles geschieht nach Gottes Willen.

✱ *Vertrauen Sie der göttlichen Führung.* ✱

Der Herr ist mein Hirte, mir wird nichts mangeln.
Auf grünen Auen läßt er mich lagern,
zur Ruhstatt am Wasser führt er mich.

Er stillt mein Verlangen;
er leitet mich auf rechtem Pfade
um seines Namens willen.

Und ob ich schon wanderte im finsteren Tal,
ich fürchte kein Unglück;
denn du bist bei mir, dein Stecken und Stab,
der tröstet mich.

(Ps. 23,1–4)

Positives Denken

Der Anfang jeden Tuns
ist das Wort, und jedem Werk
geht das Denken voran.

(Sir. 37,16)

Was ist positives Denken?

Wirkt positives Denken?

Sie werden viele Bücher finden, die das Thema »Positives Denken« zum Inhalt haben. Viele Menschen pilgern von Seminar zu Seminar in der Annahme, eine Methode zu erlernen, die ihnen hilft, ihre Wünsche zu erfüllen:

Die Methode beinhaltet:
- Stelle dir deinen Wunsch vor.
- Schick positive Energie in ihn.
- Visualisiere die Realisierung des Wunsches.
- Da Energie nicht verlorengeht, werden die Gedanken vollkommene Resultate erzielen.

Ein Beispiel:

Sie wollen einen Partner: Sie visualisieren, daß er bereits in Ihrem Leben ist, wie er aussieht, wie Sie mit ihm sprechen, wie er sich anfühlt etc. Sie danken für den perfekten Ausgang Ihres Wunsches, und er wird in Erfüllung gehen.

Oder Sie wollen eine Firma gründen: Sie stellen sich vor, daß die Bank Ihnen grünes Licht für Ihr Projekt gibt. In Ihren Gedanken gehen Sie durch Ihre Büroräume und sprechen mit Ihren netten Angestellten.

Vor Ihrem geistigen Auge sehen Sie eine positive Bilanz. Sie schieben alle Zweifel beiseite, danken für die Erfüllung Ihres Wunsches, und die Firma wird ein riesiger Erfolg.

Ist das so sicher?

Diese Frage löst Konflikte aus. Wenn Positives Denken funktioniert, wo bleibt der Faktor »Schicksal«?

Es gibt viele Menschen, die positiv denken, einen perfekten Partner oder eine gutgehende Firma visualisieren und trotzdem einsam sind oder Konkurs anmelden.

Kann ich durch Positives Denken das Schicksal verändern? Nein!

Wir können in schicksalhafte Abläufe nicht eingreifen.

Ich habe nur die Wahl, entweder die Situation, die auf mich zukommt, anzunehmen oder abzulehnen.

Mein Ego wünscht sich etwas und weiß nicht, ob das höhere Bewußtsein nicht etwas ganz anderes mit mir vorhat. Wir haben keinen Einblick in den großen göttlichen Plan, können deshalb nicht entscheiden, ob die Erfüllung eines Egowunsches gut für uns ist.

Nur wenn wir im Einklang sind mit Gott, unseren

tiefsten Herzenswunsch erspüren, haben wir die Chance, daß unsere Wünsche ganz leicht in Erfüllung gehen.

Aber wer im Einklang mit Gott ist, wünscht meistens nichts, weil er weiß, daß alles, was das Schicksal uns gibt, sowieso das Beste für uns ist.

»Ändern Sie Ihre Gedanken, dann ändert sich Ihr Schicksal« – die Grundidee des Positiven Denkens macht es sich zu leicht. Es läßt auch den Faktor »Gefühl« weitgehend außer acht.

Wenn Sie positiv denken und aggressiv sind, verdrängen Sie dann Ihren Ärger und sagen sich, ich muß positiv denken?

Wenn Sie traurig sind, sagen Sie: »Ich muß aber glücklich sein«?

Sie dürfen traurig sein, verzweifelt, ärgerlich, frustriert.

Die Frage ist, nehmen Sie diese Gefühle positiv an?

Projizieren Sie Ihre Gefühle nicht auf andere Menschen.

Wenn Sie ärgerlich sind, fragen Sie sich lieber: »Warum fühle ich mich so?«

Setzen Sie sich mit Ihrem Ärger auseinander, aber bewerten Sie ihn nicht.

Generell sollte man Positives Denken nicht ablehnen. Es ist ohne Zweifel viel effektiver für Ihr Wohlbefinden, als negativen Gedanken nachzuhängen.

Es wird auch oft Resultate erzielen, weil unsere Wünsche ab und zu identisch sind mit dem göttlichen Plan.

Aber bei allem gilt: Uns bleibt nur die Annahme der Dinge, die geschehen. Wir können das zerknirscht oder freudig tun. Wenn wir unser Schicksal positiv akzeptieren, wird unser Leben auf jeden Fall kolossal erleichtert.

* *Und wir werden in eine strahlende Zukunft gehen.* *

Liebe

Die Liebe kennt keine Angst.
Wahre Liebe vertreibt die Angst.

(1. Joh. 4,18)

Mit dem Thema »Liebe« wird viel Mißbrauch getrieben. Es gibt kaum ein Lied, das nicht der Liebe gewidmet ist, kaum einen Film, der nicht dieses Thema zum Inhalt hat, Tausende Romane beschäftigen sich damit, Christentum und Esoterik bedienen sich ihrer.

Was da als Liebe propagiert wird, hat in den seltensten Fällen mit Liebe zu tun.

Wie leichtfertig sagen wir »Ich liebe…« und meinen Neigung, physische Vorlieben, Befriedigung von Lust, Sex, Anbetung, Vergötterung etc.

Wir haben zahlreiche falsche Vorstellungen von Liebe. Formulierungen wie Liebesqual, liebeskrank, Liebeswahn, Liebeskummer oder blind vor Liebe, rasend vor Liebe zeigen uns, daß wir nicht davor zurückschrecken, Liebe in Negativzusammenhängen zu sehen.

Aber: Liebe ist die größte Kraftquelle, die wir kennen und wird am stärksten in der Abwesenheit von negativen Gedanken empfunden.

Liebe macht nicht krank, im Gegenteil: Liebe heilt Krankheiten.

Das größte Mißverständnis ist, daß Liebe und Verliebtsein etwas miteinander zu tun haben.

Verliebtsein ist meist nicht von Dauer, oft egoistisch, von Eifersucht belastet, Stimmungsschwankungen unterworfen, sexuell motiviert, es macht abhängig, kann einengen.

Aber: Wahre Liebe ist dauerhaft, allumfassend, bedingungslos, erfüllend und durchdringend.

Liebe ist die Kraft, die vom Schöpfer auf alles ausstrahlt.

Wie erkennt man wahre Liebe?

Liebe ist dauerhaft.

Oft treffen wir nach Jahren Menschen, die wir einmal »geliebt« haben und können uns unsere Gefühle von damals nicht mehr erklären.

Wir haben uns verändert. Unsere »Liebe« basierte auf persönlichen Wünschen und Vorstellungen der Vergangenheit.

Wahre Liebe vergeht nicht.

Liebe ist bedingungslos.

Sie erwartet keine Erwiderung von Gefühlen. Das Geben von Liebe allein ist schon Glück, Freude und Begeisterung genug. Der größte Wunsch ist, daß der geliebte Mensch glücklich ist und man ist bereit, alles dafür zu tun.

Man läßt den Menschen, wie er ist, und nicht, wie man ihn sich vorstellt.

Liebe will nicht besitzen. Liebe will geben.

Sie fängt mit dem Geben an.

Die Freude zu lieben, muß Geschenk genug sein. Liebe verlangt nicht. Liebe ist uneigennützig.

Liebe ist kein Zufall.

Wir kommen zusammen, um eine gemeinsame kosmische Aufgabe zu erfüllen. Wir ziehen an, was uns hilft, vollkommen zu werden.

Liebe ist allumfassend.

Sie strebt danach, sich auszudehnen. Liebe heißt, die gesamte Schöpfung zu lieben und nichts und niemanden auszuschließen.

Oft suchen wir Liebe in der Partnerschaft, weil wir uns selbst nicht genug lieben. Wir haben Gottes Einheit verlassen und erwarten, daß unser Partner uns diese Einheit zurückgibt. Wir suchen unsere andere Hälfte und setzen damit voraus, daß wir selbst nur eine Hälfte sind. Aber wer möchte schon eine Hälfte als Partner?

Viele glauben, Liebe ist abhängig vom Objekt:

Eines Tages kommt der Richtige, dann ist die Liebe da, und alles wird gut.

Aber: So funktioniert das nicht.

Erst wenn wir uns selbst lieben, sind wir fähig, andere zu lieben.

»Liebe deinen Nächsten wie dich selbst« ist die Aufforderung zur Eigenliebe.

Du kannst nicht geben, was du nicht hast.

Akzeptiere dich selbst, lerne dich zu lieben, dann erst bist du frei und bereit für Liebesbeziehungen mit anderen Menschen.

Es ist nicht unsere Aufgabe, die Liebe zu suchen. Die Liebe ist allgegenwärtig. Erkennen Sie die Blockaden, die Sie daran hindern, sie zu spüren.

Liebe will frei fließen.

Liebe ist Energie, und es hängt von unserem Bewußtsein ab, wie weit wir diese Energie spüren und sie nutzen.

- Geben Sie den Wunsch nach Besitz auf.
- Stellen Sie keine Ansprüche an Ihren Nächsten.
- Nutzen Sie all Ihre Fähigkeiten, den anderen in seinem Wachstum zu unterstützen.
- Öffnen Sie sich.
- Begreifen Sie Liebe als einen Akt der Selbstentwicklung.
- Liebe ist Gott- und Selbstfindung.

Wenn wir lieben und die Liebe mit Weisheit verbinden,

✳   *werden wir in eine strahlende Zukunft gehen.*   ✳

Selbstliebe: Mit dem Gebot »Liebe deinen Nächsten wie dich selbst« gab uns Jesus das Gebot der Eigenliebe und gleichzeitig eine der tiefsten menschlichen Weisheiten.

Selbstliebe meint nicht eitle Selbstgefälligkeit oder hochmütige Selbstüberschätzung. Beifallheischen, Buhlen um Aufmerksamkeit und der Versuch, dauernd zu demonstrieren, wie toll man doch ist, zeugt eher von Selbstverachtung.

Selbstliebe ist unabhängig von der Meinung anderer und braucht keine Bestätigung.

Du selbst bist das Zentrum deines Lebens.

Mit dem Gefühl zu dir selbst steht und fällt alles andere.

Wenn du dich selbst liebst, kannst du andere lieben.

Wenn du deinen eigenen Körper liebst, kannst du den Körper eines anderen Menschen lieben.

Wenn du dich schätzt, kannst du andere Menschen und Dinge schätzen.

Wenn du die Beziehung zu dir selbst geklärt hast, bist du bereit für andere Beziehungen.

Wenn du dir selbst vergeben hast, kannst du anderen Menschen vergeben.

Wenn du Frieden in dir gefunden hast, kannst du anderen Menschen Frieden geben.

Innerer Reichtum schafft äußeren Reichtum.

Innere Schönheit schafft äußere Schönheit.

Da die Welt nur im Bewußtsein existiert, kann nur mein Bewußtsein sie verändern.

Das Gebot beinhaltet aber auch, daß negative Denkinhalte auf uns zurückfallen.

Wenn du nicht gönnst, wird dir nicht gegönnt.

»Richtet nicht, damit Ihr nicht gerichtet werdet.«

(Mt. 7,1)

»Wer einen Stein emporwirft, auf den fällt er zurück.«

(Sir. 27,25)

»Alles, was Ihr von anderen erwartet, das tut auch Ihr für sie.« (Mt. 7,12)

Begeisterung

Ich bin froh und freue mich
zusammen mit Euch allen.
Freut auch Ihr Euch und teilt
meine Freude.
(Phil. 2,17–18)

Haben Sie jemals Begeisterung empfunden? Haben Sie
jemals diese aus der tiefsten Seele aufkeimende Erregung gespürt? Wie begrüßen Sie Ihren Tag? Verlassen
Sie niedergeschlagen, vom Schlaf erschöpft Ihr Bett und
quälen sich widerstrebend zur Arbeit? Oder beginnen
Sie den Tag freudig und jubilieren bei dem Gedanken
daran, was für großartige Dinge Ihnen bevorstehen?

Wenn Sie morgens ohne Schwung zur Arbeit gehen
und abends zu einem deprimierten Ehepartner zurückkommen, haben Sie ganz offensichtlich ein Problem.

Beleben Sie Ihren Alltag neu mit der Flamme der Lei-
denschaft.

Nehmen Sie sich die Zeit, diese positive Erregung in
sich zu spüren. Horchen Sie ganz tief in sich hinein.

Kinder sind oft von etwas begeistert.

Was hat Sie als Kind in Entzücken versetzt? Es ist Ihre
Aufgabe, herauszufinden, was Ihnen die Lebendigkeit
zurückgibt.

Ein Mann geht jeden Tag in das Geschäft seines Vaters, in dem er als Kaufmann arbeitet.

Seine Berufswahl hat er nie in Frage gestellt. Seine Arbeit verrichtet er teilnahmslos und mit mäßigem Erfolg. Er meint, er sei abhängig von der Sicherheit, die ihm sein Job gibt.

Wenn er allerdings von seinem Hobby, alte Häuser zu renovieren, erzählt, verändert sich seine Ausstrahlung, und seine Augen fangen an zu leuchten. Dieses Thema verschafft ihm Glücksgefühle.

Würde man ihm raten, statt der unbefriedigenden Arbeit als Kaufmann lieber sein Hobby zum Beruf zu machen, würde er in einen Konflikt geraten.

Die Wahl zwischen dem scheinbar sicheren Gewohnten und dem vermeintlich unsicheren Neuen würde ihn verwirren.

Dieser Mann weiß nicht, daß die Erregung, die er bei seinem Hobby verspürt, ein Fingerzeig Gottes ist: Die Begeisterung zeigt uns, in welche Richtung wir gehen sollen.

Wir sind *leistungs*orientiert und nicht *begeisterungs*orientiert.

Wir haben noch nicht begriffen, daß nur Innigkeit und Hingabe auf Dauer von Erfolg gekrönt sind.

Begeisterung wird uns nicht in der Schule beigebracht, im Gegenteil, sie wird dort meistens abgebremst.

In den wenigsten Schulen wird die Lust am Lernen geschürt. Feuereifer für etwas zu entwickeln, steht nicht auf dem Lehrplan.

Schon in der Schule lernen wir: Du sollst funktionieren und dich nicht amüsieren!

Je mehr wir diese Botschaften verinnerlichen, desto mehr gerät die Begeisterung in Vergessenheit, und die Welt wird zu einem faden, lieblosen Ort.

Werfen Sie die alten Botschaften aus Ihrem System.

Wir sollen uns amüsieren. Gott will, daß wir glücklich sind. Reaktivieren Sie die Glut, die Sie als Kind gefühlt haben.

Folgen Sie Ihrem Ziel mit Feuer und Flamme. Lassen Sie sich nicht beirren oder entmutigen.

Begeisterung sprengt Blockaden!

Halten Sie durch!

Es gibt eine Geschichte:

Ein Kapitän und seine Crew stechen in See, um einen Schatz zu suchen. Eine Schatzkarte weist ihnen den Weg. Jeden Morgen begrüßt der Kapitän seine Mannschaft und verkündet voller Enthusiasmus: »Heute ist der Tag!«

Die Matrosen suchen voller Freude. Nichts passiert. Sie finden keinen Schatz. Aber jeden Tag aufs neue feuert der Kapitän mit Inbrunst seine Besatzung an: »Heute ist der Tag!«

Jahre vergehen und immer noch irrt das Schiff durch die Weltmeere. Durch Windflauten, Unwetter, Wassermangel und Seuchen führt sie die Suche. Die Matrosen sind erschöpft, von Hunger und Entbehrung gezeichnet. Eine große Verbitterung hat die Mannschaft ergriffen. Heimweh zehrt an ihren Nerven, und das Verlangen aufzugeben ist unerträglich stark. Aber jeden Morgen treibt der Kapitän sie an: »Heute ist der Tag!«

Der Unmut der Matrosen wächst täglich. Schon lange glauben sie nicht mehr an den Schatz, und eine Meuterei wird geplant.

Doch da: Nach vierzehn Jahren finden sie den Schatz! Jeder wird reich belohnt, und glücklich kehren sie heim.

Lassen Sie sich nicht von dem ersten Fehlversuch entmutigen. Halten Sie begeistert an Ihrem Traum fest.

Es kommt nicht darauf an, wann Sie Ihren Schatz finden, sondern wie leidenschaftlich Sie ihn suchen.

Im Englischen gibt es den Spruch: »Fake it until you make it«, der soviel besagt wie »Tu so als ob, bis du es erreicht hast«.

Feuern Sie sich selbst an!

Wenn die Fröhlichkeit zuerst auch nur gespielt ist, wird sie irgendwann zu Ihrer eigenen, rauschähnlichen Erregung.

Sie werden bald feststellen, daß Sie immer mehr Begeisterung entwickeln, weil Sie im Energiefluß sind.

Wenn Sie dann morgens aufwachen, werden Sie jubilieren.

✳   *Und in eine strahlende Zukunft gehen.*   ✳

Aggression

Im Zorn tut keiner,
was vor Gott Recht ist.

(Jak. 1,20)

Schon als Kind lernen wir, daß es in unserer Gesellschaft sicherer ist, unsere Gefühle zu unterdrücken.

Sind wir traurig, kriegen wir zu hören: »Reiß dich zusammen«, »Indianer kennen keinen Schmerz« oder »Man weint nicht in der Öffentlichkeit.«

Jubeln wir vor Glück, werden wir zur Ruhe gemahnt; sind wir wütend, werden wir heftig bestraft; sind wir jähzornig, wird schon dafür gesorgt, daß wir wieder zur Vernunft kommen.

Wir werden verletzt und gedemütigt und können uns nicht wehren. Man trimmt uns darauf, zu funktionieren und unsere Wut hinunterzuschlucken.

In der Schule erfahren wir, daß wir leichter durchkommen, wenn wir Autoritäten nicht in Frage stellen und die »Faust in der Tasche« ballen.

Weil wir später als Erwachsene unsere Jobs behalten wollen, passen wir uns noch mehr an. Wir machen gute Miene zum bösen Spiel, wenn wir feststellen, daß das Produkt unserer Arbeit mehr geschätzt wird als wir selbst.

Bei all dem dürfen wir uns nicht wundern, daß wir aggressiv sind.

- Aggression ist angestaute Energie.
- Energie will fließen.

Eines Tages kommt der Zeitpunkt, an dem sich dieser Energiestau als Aggressionsschub entlädt:

Wir verlieren die Kontrolle über uns, werden beleidigend und im schlimmsten Fall gewalttätig.

Sobald die Attacke vorüber ist, leiden wir.

Reue, Scham und Schuldgefühle führen dazu, daß wir uns noch schlechter fühlen und unsere Gefühle noch tiefer verbergen.

Erkennen Sie, daß es absolut natürlich ist, Empfindungen zu haben und diese auch ausdrücken zu wollen.

Unterdrückte Aggressionen sind gefährlich und verursachen Krankheiten.

Es hilft nichts, Liebe zu visualisieren und die Wut mit einer gespielten Fröhlichkeit zuzudecken.

Sie können noch so freundlich sein, wenn sich unter Ihrer Nettigkeit Aggression verbirgt, werden Ihre Mitmenschen es unbewußt wahrnehmen und dementsprechend reagieren.

Sie werden sich wundern, warum Sie, obwohl Sie so liebenswürdig waren, doch wieder angegriffen werden.

Sie halten die Welt für ungerecht und ärgern sich noch mehr.

Was können Sie tun?

- Richten Sie die Aggression nicht gegen andere oder sich selbst.
- Werden Sie sich über Ihre Aggressionen bewußt, erspüren Sie Ihre Wut.
- Lassen Sie sie zu, beurteilen Sie sie nicht.
- Verschaffen Sie sich durch Therapie oder Meditation Klarheit über Ihre frühkindlichen Verletzungen.
- Äußern Sie Ihren Zorn: »Ich bin aggressiv, weil ich…«
- Erklären Sie Ihrem Nächsten offen und ehrlich Ihren Seinszustand.
- Schlagen Sie auf ein Kissen ein, laufen Sie eine Runde, schreien Sie Ihre Wut heraus, atmen Sie sie hinaus, betreiben Sie einen Kampfsport oder finden Sie Ihren ganz persönlichen Weg, um mit der gestauten Energie umzugehen.

Wir müssen lernen, daß empfundene Wut nur mit uns selbst zu tun hat, daß der andere nur der Auslöser ist.

Wenn ich im Straßenverkehr von jemandem überholt werde, der 100 km/h fährt, obwohl nur 60 km/h erlaubt sind und ich mit wüsten Beschimpfungen reagiere, sollte ich kurz innehalten.

Warum bin ich wütend?

Die Entscheidung, schneller zu fahren als erlaubt, ist die Entscheidung eines anderen Menschen und hat mit mir nichts zu tun.

Ärgere ich mich vielleicht nicht doch nur, weil ich

mich brav an die erlaubte Geschwindigkeit halte, obwohl ich eigentlich auch gern schneller fahren möchte?

Wir dürfen unsere Wut nicht kultivieren. Verteidigen Sie Ihren Ärger nicht. Wenn ich mich über jemanden ärgere, gebe ich ihm Macht über mich.

Seien Sie radikal ehrlich mit sich und Ihren Gefühlen,

* *und Sie werden in eine strahlende Zukunft gehen.* *

Kinder

Wenn Ihr nicht umkehrt und wie
die Kinder werdet, könnt Ihr nicht
in das Himmelreich kommen.

(Mt. 18,3)

Unsere Kinder sind nicht unser Besitz. Wir haben sie uns nur für diese Inkarnation vom Leben ausgeborgt.

Ihre Seelen haben sich freiwillig vor ihrer Geburt entschlossen, uns als Eltern zu wählen, um mit uns eine Erfahrung zu machen.

Sie gehören nicht uns, sondern sich selbst.

Sie sind Kinder Gottes, nur viel weiser und viel zerbrechlicher als viele Erwachsene.

Wir sollten unsere Kinder deshalb mit dem größtmöglichen Respekt behandeln.

Sie werden uns in einem Stadium ihres Lebens anvertraut, in dem wir die volle Verantwortung für sie übernehmen müssen.

Wir haben die Aufgabe, ihnen bei ihrer Menschwerdung zu helfen und dabei das Wissen um ihre Göttlichkeit zu erhalten.

Kinder brauchen Grenzen, um sich im Leben zurecht zu finden. Deshalb ist eine gewisse Strenge ihnen gegenüber ab und zu angebracht, aber bremsen Sie nie ihre Begeisterung, ihre Kreativität und ihre spontanen Gefühlsäußerungen.

Geben Sie nicht Ihre eigenen Erziehungsmuster weiter!

Ihre Eltern haben nach ihrem Bewußtsein und ihren Fähigkeiten das Bestmögliche für Sie getan. Es mag nicht immer nach Ihrem Geschmack gewesen sein, aber es hat Sie zu dem gemacht, was Sie sind.

Das fünfte Gebot »Du sollst Vater und Mutter ehren« heißt nicht, daß Sie alles gut finden müssen, was Ihre Eltern getan haben, oder daß Sie gehorsam in ihre Fußstapfen treten müssen, sondern ehren Sie ihr Leben, respektieren Sie sie und vergeben Sie ihnen. Sie sind ein Teil des großen, kosmischen Planes, in dem schicksalhafte Lektionen zu lernen sind.

Erkennen und analysieren Sie Ihre Erziehungsmuster, damit Sie nicht unbewußt die Fehler Ihrer Eltern wiederholen und Ihre Kinder zu erneuten Opfern machen.

Wir haben uns sehr weit vom »Kindsein« entfernt und sollten den Fingerzeig Jesus' »Wenn Ihr nicht umkehrt und wie die Kinder werdet, könnt Ihr nicht in das Himmelreich kommen« ernst nehmen!

Wir leben in der Hölle des Erwachsenenlebens:
- Wir erfreuen uns nicht wie die Kinder jedes Augenblicks, sondern sorgen uns um Miete, Job, Rente usw.
- Wir unterdrücken unsere Gefühle.

- Wir fragen nicht »Was bringt der Tag?«, höchstens noch »Was bringt die Börse?«.
- Das Leben macht uns selten Spaß, und wir tun kaum etwas mit Freude.

Wir haben das Abenteuer des Lebendigseins längst vergessen.

Schaut man in unsere Augen, sieht man unterdrückte Angst, Verzweiflung und Schmerz und nicht den klaren, offenen und staunenden Blick eines Kindes.

Wir sollten heraus aus dieser Hölle und wieder Kind werden:
- Lassen Sie Ihre Seele schwingen.
- Werden Sie lebendig.
- Haben Sie Spaß.
- Öffnen Sie sich.
- Entdecken Sie Ihre Neugier.
- Erfahren Sie staunend mit großen Augen Ihre Welt.
- Sorgen Sie sich nicht.
- Gehen Sie weg vom Sicherheitsdenken.
- Leben Sie Ihre Gefühle voll aus.
- Leben Sie kreativ.

Wieder zum Kind werden heißt nicht, kindisch zu sein, sondern die direkte, lebendige Glückseligkeit des Kindseins wieder zuzulassen.

Mit Ihren Kindern bekommen Sie vor Augen geführt,

was Sie einmal waren: spontane, lebenslustige, kreative, göttliche Wesen.

Sorgen Sie dafür, daß Ihre Kinder es bleiben,

*   *und sie werden in eine strahlende Zukunft gehen.*   *

Reichtum

Hoffe auf den Herren
und tue was gut ist,
und er gibt Dir,
was Dein Herz begehrt.

(Ps. 37,3–4)

Wie definieren Sie Reichtum?

Bedeutet er für Sie Anhäufung von materiellen Besitztümern? Viel Geld, Häuser, Schmuck, Aktien, wertvolle Bilder und Möbel?

Oder bedeutet Reichtum für Sie ein glückliches und erfülltes Leben, in dem materielle Möglichkeiten zur Genüge zur Verfügung stehen?

Es gibt viele reiche Menschen, die sich mit ihrem Geld nur ihren goldenen Käfig finanzieren, sozial aber völlig verarmt sind. Reich zu sein heißt nicht automatisch auch glücklich und sorgenfrei zu sein.

Zu einem erfüllten Leben gehört erheblich mehr als nur Besitz.

Nur wenn wir über inneren Reichtum verfügen, sind wir imstande, äußeren Reichtum zu genießen, und noch einen Schritt weiter:

Wenn wir innerlich reich sind, werden wir auch äußerlich reich sein.

Unser Bewußtsein bestimmt darüber, in welchem Ausmaß uns Geld zufließt.

Wenn ein Geldschein vor uns liegt, sehen wir nur ein Stück Papier ohne besonderen materiellen Wert. Und doch ist der eigentliche Wert viel größer. Er ist eine Idee und birgt ungeheure Möglichkeiten. Wir haben uns dazu entschlossen, dem Stück Papier durch unser Bewußtsein Energie zu geben.

Geld ist Energie. Energie will fließen, deshalb ist unsere Einstellung zu Geld sehr wichtig.

Halten Sie Geld für schmutzig oder für eine wundervolle kosmische Energie, mit der man kreativ seine Welt gestalten kann?

Geld ist weder gut noch böse, weder positiv noch negativ. Es kommt immer darauf an, für was und wie wir Geld nutzen.

Geld verdirbt auch nicht den Charakter.

Der fiese Reiche wäre sicher auch ein fieser armer Mensch gewesen, nur als Reicher zeigt sich sein wahrer Charakter deutlicher, weil er über mehr Mittel verfügt, ihn auszudrücken.

Es ist nicht das Geld, das einen Menschen habgierig und skrupellos macht, und es ist auch noch niemand durch Geld zum »wert«volleren Menschen geworden.

Noch immer glauben wir, daß man für Geld hart arbeiten muß.

Reichtum kommt nicht unbedingt zu den Menschen, die hart arbeiten. Wäre dies so, wäre jeder Bergarbeiter Millionär.

Wenn wir Geld fürs Nichtstun bekommen, stellen sich immer noch Schuldgefühle ein. Viele Erben und Lottomillionäre sind ihr Geld fast so schnell wieder los, wie sie es bekommen haben, weil sie denken, sie hätten es nicht verdient, da sie nicht dafür gearbeitet haben.

Wir müssen uns »wert« genug fühlen.

Reichtum kann nur in dem Ausmaß zu Ihnen kommen, in dem Sie es sich wert sind, in dem Sie davon überzeugt sind, daß Sie es verdient haben.

Wir müssen uns von Schuldgefühlen und der Angst vor dem Reichtum befreien.

Es gibt viele Vorurteile Geld gegenüber, welche haben Sie?

Geld muß keine erdrückende Last sein. Im Gegenteil, Geld ist eine wunderbare Möglichkeit. Geld macht Sie »vermögend«. Sie vermögen Dinge zu tun, die Ihnen als besitzloser Mensch versagt bleiben. Sie können mit Geld viel Gutes tun: Bedürftigen helfen, wohltätige Zwecke unterstützen oder sich selbst Luxus gönnen.

Investieren Sie in sich selbst und Ihr Wohlergehen.

Wenn Sie etwas tun, was Ihnen Freude macht, wird das Schicksal Sie belohnen und Ihnen soviel geben, wie Sie für ein erfülltes Leben brauchen.

»Sehet Euch die Vögel an: Sie säen nicht, sie ernten nicht und sammeln keine Vorräte; Euer himmlischer Vater ernährt sie. Seid Ihr nicht viel mehr wert als sie?«

(Mt. 6,26)

»Lernt von den Lilien, die auf dem Feld wachsen:
Sie arbeiten nicht und weben nicht. Doch ich sage
Euch: Selbst Salomon in all seiner Pracht war nicht ge-
kleidet wie eine von ihnen. Wenn aber Gott schon das
Gras so prächtig kleidet, das heute auf dem Feld steht
und morgen ins Feuer geworfen wird, um wieviel mehr
dann Euch, Ihr Kleingläubigen. Macht Euch also keine
Sorgen und fragt nicht: Was sollen wir essen? Was sollen wir trinken? Was sollen wir anziehen? Denn um all
das geht es den Heiden, Euer Vater im Himmel weiß,
daß Ihr das alles braucht. Euch soll es zuerst um sein
Reich und seine Gerechtigkeit gehen; dann wird Euch
alles andere dazugegeben.«   (Mt. 6,28–33)

Dieses Zitat von Jesus aus der Bergpredigt ist kein
Appell zum Nichtstun, sondern eine Aufforderung unserer Natur, unserem Herzenswunsch zu folgen und ein
spirituelles Leben zu führen, in dem Gott die Haupt-
rolle spielt.

Die Vögel tun auch etwas, sie fliegen und sie singen, erfreuen unsere Ohren. Die Lilien wachsen und
sind schön, erfreuen unser Auge. Dafür werden sie belohnt.

Finden Sie heraus, wie Sie das Universum berei-
chern können, und Ihnen wird gegeben, was Sie brauchen.

Was Sie brauchen, heißt nicht unbedingt immer, was
Sie haben wollen, sondern was Sie aus höherer Sicht für
ein erfülltes Leben benötigen.

Es gibt Menschen, die oberflächlich gesehen kaum etwas besitzen, sich aber ungeheuer reich und glücklich fühlen.

Was brauchen Sie wirklich?

Wieviel von Ihrem Eigentum ist sinnvoll oder überflüssig?

Wollen Sie Geld, um sich wichtig zu fühlen oder weil Sie damit kreative Ideen verwirklichen wollen?

Arbeiten Sie so, als wäre Geld vollkommen unwichtig. Fragen Sie nicht: »Wieviel Geld verdiene ich bei meiner Tätigkeit?«, sondern »wieviel Freude bereitet sie mir?«

Je mehr Spaß Sie bei Ihrer Arbeit haben, desto reicher sind Sie.

Mit Freude sind Sie offen für den Geldfluß.

Genießen Sie es, Geld zu haben und es auch auszugeben. Das heißt nicht, daß Sie Schulden machen oder verschwendungssüchtig Ihr Geld verprassen sollen.

Gönnen Sie sich etwas. Es ist ein schönes Gefühl, den Geldfluß zu spüren.

Beobachten Sie das Verhältnis zwischen dem Geld, das Sie freudig ausgeben und dem Geld, das zu Ihnen zurückkommt.

Horten Sie Ihr Geld nicht. Geiz führt nicht zu Reichtum. Im Gegenteil, je unfähiger Sie sind, Ihren Besitz loszulassen, desto unglücklicher wird er Sie machen.

»Wer sich selbst nichts gönnt, sammelt für einen an-

deren, und an seinem Gut wird ein Fremder sich sätti-
gen.« (Sir. 14,4)

Öffnen Sie Ihr Herz, halten Sie nicht fest. Entdecken Sie
mehr und mehr Ihren inneren Reichtum, dann wird sich
auch der äußere Reichtum einstellen.

*Und Sie werden in eine
strahlende Zukunft gehen.*

Jesus Christus

Wer zu Christus gehört,
ist ein neuer Mensch geworden.
Was er früher war, ist vorbei,
und etwas Neues hat begonnen.

(2. Kor. 5,17)

Wer war Jesus Christus?

Hat er wirklich gelebt?

Ist die Bibel das Wort Gottes, oder ist sie von sehr klugen Menschen als eine Art Rezeptbuch für richtiges Leben zusammengestellt worden?

Ist das, was über Jesus Christus geschrieben wurde, wahr, oder ist es eine Interpretation der Evangelisten?

Willkommen im Club der Zweifler!

Eindeutige Beweise für die Existenz von Jesus Christus gibt es bis heute nicht. Alle Berichte über ihn wurden erst lange nach seinem Tod aufgeschrieben.

Der moderne Mensch hat eher Schwierigkeiten zu glauben, daß es vor zweitausend Jahren einen Mann gab, der über Wasser ging, Brot vermehrte und Dialoge mit Gott führte.

Aber nehmen wir das Prinzip »Jesus Christus«. Was bleibt?

Es bleibt ein Mensch, der unbeirrt seinen spirituellen Weg gegangen ist. Er ist das leuchtende Beispiel für ein Leben voll Liebe und Hingabe zu Gott. Jesus, der gute Hirte, führt uns zu Gott, wenn wir bereit sind, ihm zu folgen:

Er hat sich befreit.

Jesus Christus' Vater war Zimmermann. Es ist anzunehmen, daß seine Eltern nicht sehr glücklich waren, als er, anstatt der Tradition zu folgen und Handwerker zu werden, in die Welt ging und predigte.

Er folgte seinem Herzenswunsch, obwohl er wußte, daß ihn ein Leben ohne Heim, Familie und geregelte Einkünfte erwartete. Er hatte eine eigene Meinung, widersprach der Norm und hatte dabei keine Angst vor Beurteilung.

Leben Sie lieber angepaßt, oder gehen Sie den steinigen Weg Ihres Seelenwunsches?

Jesus ist zur inneren Ruhe gekommen.

Er ist ausgestiegen, hat sich zurückgezogen, ist in die Wüste gegangen, um sich über sich selbst, seinen Lebensplan und seine kosmische Aufgabe klarzuwerden. Er nahm sich die Zeit, im Einklang zu sein mit seinem Tun, und folgte dann radikal seiner inneren Zielsetzung.

Nehmen Sie sich die Zeit, überhaupt einen Gedanken über sich und Ihren Sinn zu verschwenden?

Er hat sein Schicksal angenommen.

Er hat die ihm zugedachte Aufgabe akzeptiert und hat demütig sein Kreuz getragen.

Tragen Sie Ihr Kreuz?

Er hat erkannt, daß sein Wille Gottes Wille sein muß.

Er betete: »Herr, Dein Wille geschehe.«

Welchem Willen folgen Sie, Ihrem oder Gottes Willen?

Sein Vertrauen in Gott war grenzenlos.

Sein Glaube war so stark, daß er dafür ohne zu zögern in den Tod ging. Seine Glaubenskraft war so gewaltig, daß er Wunder bewirkte.

Sind Sie voller Zweifel oder haben Sie Gottvertrauen?

Er praktizierte die höchste Form des Gebetes.

Er dankte Gott sogar noch für Entbehrung, Demütigung und Tod.

Beten Sie für materiellen oder spirituellen Reichtum?

Seine wichtigste Beziehung war die zu sich selbst und Gott.

Er brachte uns das höchste Gebot:

»›Du sollst den Herrn, Deinen Gott lieben mit Deinem ganzen Herzen und mit Deiner ganzen Seele und mit Deinem ganzen Denken.‹ Dies ist das größte und höchste Gebot. Das zweite ist ihm gleich: ›Du sollst Deinen Nächsten lieben wie Dich selbst.‹«

(Mat. 22,37–39)

Er lehrte uns, daß man erst bereit ist für andere Beziehungen, wenn man Gott als die wichtigste Kraft im Leben akzeptiert und die Beziehung zu sich selbst geklärt hat.

Wer steht im Mittelpunkt Ihres Lebens?

Er lebte die vollkommene Liebe.

Jesus lebte in der Welt der Angst und nahm trotzdem nur die Liebe wahr.

Jesus Christus sollte uns ein Vorbild sein. Er hat die spirituellen Prinzipien radikal gelebt und uns mit der Bergpredigt eine eindrucksvolle Botschaft hinterlassen:

»Bittet, dann wird Euch gegeben, sucht, dann werdet Ihr finden; klopft an, dann wird Euch geöffnet. Denn wer bittet, der erhält, wer sucht, der findet; und wer anklopft, dem wird geöffnet. Oder ist einer unter Euch, der seinem Sohn einen Stein gibt, wenn er um Brot bittet, oder der ihm eine Schlange gibt, wenn er um einen Fisch bittet? Wenn nun schon Ihr, die Ihr böse seid, Euren Kindern gebt, was gut ist, wieviel mehr wird Euer Vater im Himmel denen, die ihn bitten, Gutes geben.«

(Mt. 7,7–11)

Er hat uns das Bild eines liebenden Gottes gebracht, eines Gottes ohne Rache.

Jesus ist das leuchtende Beispiel. Wenn wir ihm folgen und die Prinzipien anwenden, werden wir eins mit Gott

✳   *und in eine strahlende Zukunft gehen.*   ✳

Unser Vater im Himmel,
geheiligt werde Dein Name.
Dein Reich komme.
Dein Wille geschehe,
wie im Himmel so auf Erden.
Unser tägliches Brot gib uns heute.
Und vergib uns unsere Schuld,
wie auch wir vergeben haben unsern Schuldigern.
Und führe uns nicht in Versuchung,
sondern erlöse uns von dem Bösen.   (Mt. 6,9–13)

Gott

Vater unser, der Du bist im Himmel.

Gott ist Liebe.

(1. Joh. 4,8)

Wer ist Gott? Oder sollten wir besser fragen, was ist Gott?

Als Kinder lernten wir, daß Gott ein netter älterer Herr ist, der im Himmel wohnt und uns wohlwollend beobachtet und beschützt. Man kann ihm abends seine täglichen Sorgen anvertrauen und wenn man einen Wunsch hat, zu ihm beten.

Leider sieht Gott alles, auch die kleinsten Vergehen, und man muß mit Bestrafung rechnen. Man fängt an, sich schuldig zu fühlen.

Spätestens bei der ersten aufkeimenden Sexualität wächst die Schuld, und der Gedanke, einen stetigen Mitwisser zu haben, wird unangenehm.

Unsere Welt wird entzaubert. Was wir als Kind für Wunder hielten, stellt sich oft als biologisches oder physikalisches Geschehen heraus.

Satellitenaufnahmen aus dem All beweisen dann endgültig:

Da draußen wohnt kein greiser Mann.

Die meisten legen ihren Glauben ad acta. Die große Sehnsucht nach einer höheren Macht bleibt.

Gott ist kein Mensch. Gott ist kein Mann und keine Frau und schon gar nicht ein alter strafender Greis im Universum.

Wir haben die Gefühle, die wir zu uns selbst haben, auf Gott projiziert. Weil wir zornig sind, richten, bewerten und strafen, wurde unser Gott zum wütenden Richter.

Es hilft uns, ihn zu verstehen, wenn wir ihn uns als Mensch vorstellen. Aber: »Gott ist größer als der Mensch.«   (Hiob 33,12)

- Gott ist bedingungslose Liebe.
- Gott ist Energie.
- Gott ist Kraft.
- Gott ist die große Ordnung.
- Gott ist innerhalb und außerhalb von uns.
- Gott ist alles, was existiert und geschieht.

Wir sollen uns kein Bild von Gott machen. Wir können es auch nicht.

Jeder Versuch, uns das wahre Wesen Gottes vorzustellen, würde unser Vorstellungsvermögen sprengen.

Um wieder zu Gott zu finden, sollten wir den strafenden Gott durch den Gott der Liebe ersetzen.

Viele werden sagen: »Wieso Gott der Liebe? Dieser Gott läßt zu, daß ich leide!«

Wir sehen nur einen kleinen Ausschnitt von dem großen Ganzen, das nur Gott kennt.

Alles passiert, um uns wachsen zu lassen, auch wenn es schmerzhaft ist. Gott läßt uns nicht ohne Grund leiden. Nichts passiert zufällig.

Komm, wir gehen wieder zum Herrn!
Wenn er uns verletzt hat,
wird er uns auch wieder heilen.
Wenn er uns verwundet hat,
wird er die Wunden auch verbinden.

Zwei, drei Tage nur läßt er uns leiden,
aber dann gibt er uns neues Leben.

Komm, wir wollen alles daran setzen
ihn und seinen Willen zu erkennen!
So gewiß der Nacht ein Morgen folgt,
so gewiß der Regen fällt zu seiner Zeit,
Regen, der das dürre Land anfeuchtet,
so gewiß kommt er, um uns zu helfen.

(Hos. 6,1–3)

Wir sollten wieder zum Herrn gehen, zurückkehren zu Gott; zu dem Gott, der Gesundheit, Freude, Glück, Friede und ein erfülltes Leben für uns will.

»Und weil die Gottlosigkeit sich ausbreitet, wird die Liebe bei vielen erkalten.« (Mt. 24,12)

Wenn wir uns umschauen, sehen wir Gewalt, Krieg und Zerstörung. In uns ist Unsicherheit, Angst und emotionale Kälte. Wir haben uns von Gott abgewandt und die Liebe in uns erkalten lassen. Wir haben uns von der großen Quelle göttlicher Energie abgeschnitten und wundern uns, daß wir verzweifelt sind.

Wir leben in einem Gedankensystem der Angst.

Die Liebe ist nicht der Gegenspieler der Furcht, Liebe ist stärker als Angst. Wir brauchen nur die Verbindung zur großen Quelle wieder herzustellen, die Liebe in uns einfach wieder zuzulassen.

Wir müssen unser Gedankensystem der Schuld und Furcht zu einem der Liebe und Kraft machen.

Gott ist das Vorhandensein des stetig Guten, auch wenn unser Auge oder unser Intellekt es nicht so sieht.

Wenn wir erfahren, daß wir ein Teil Gottes sind und daß unser Nächster auch ein Teil Gottes ist, hat der Geist des Friedens und der Liebe eine Chance.

Bedenken Sie: »Der Herr ist für mich, ich fürchte mich nicht; was sollen mir Menschen tun.?«   (Ps. 118,6)

Wenn Gott für mich ist, wer kann da gegen mich sein?

Lassen Sie los. Übergeben Sie Gott die Kontrolle,

✳   *und Sie werden in eine
strahlende Zukunft gehen.*   ✳

Heil sein

Geheiligt werde dein Name

Ihr sollt heilig sein,
denn ich bin heilig,
der Herr, Euer Gott.

(Lev. 19,2)

Alle Wesen sehnen sich danach, mit einem anderen Wesen zu verschmelzen.

Wir wollen wieder »ganz« sein, wieder »eins« sein, wieder heil werden.

Dieser Wunsch setzt voraus, daß wir uns nicht heil fühlen, daß wir nicht ganz sind. Wir sind Zerrissene. Verzweifelte.

Wovon fühlen wir uns getrennt?

Wie oft regt sich in uns der Wunsch, heimzukehren, zurückzugehen, nach Hause zu kommen?

Wohin wollen wir zurück?

Wo ist unser eigentliches Zuhause?

Wir leben in der Welt der Dualität, in der Welt der Vielfalt und Gegensätze, der Welt der Form und Materie.

Unser Bewußtsein ist bipolar. Das heißt: Wir können immer nur zwei Pole wahrnehmen, nur die entgegengesetzten Eigenschaften ein und derselben Erscheinung:

hell	–	dunkel	
kalt	–	warm	
ich	–	nicht ich	
lebendig	–	tot	
oben	–	unten	
männlich	–	weiblich	etc.

Diese Liste läßt sich beliebig fortsetzen. Zu jedem Pol gibt es einen Gegenpol. So muß es auch zwangsläufig zur Polarität ein Pendant geben: die Einheit. Wir können uns die Einheit nicht vorstellen.

Sie ist Gott. Sie ist das geistige Prinzip.

Wir kamen aus dieser Einheit, aus Gott. Sie ist unsere geistige Heimat.

Wenn wir beten »Vater unser im Himmel«, meinen wir damit, daß Gott unser Vater, unser wirklicher Ursprung ist. Der Himmel steht für das geistige Prinzip. Dem gegenüber steht Mutter Erde, die Materie.

Die Einheit, die Ganzheit, ist das Paradies, aus dem wir vertrieben wurden und in das wir uns zurücksehnen.

Die Sünde ist die Abkehr von dieser Einheit. Als Adam und Eva sich für die Erkenntnis von Gut und Böse entschieden, entschieden sie sich für die Polarität.

Menschsein heißt, ein polares Bewußtsein zu haben.

Wenn wir zu Gott zurückkehren, kehren wir zur Einheit zurück.

Gott ist *heil*ig.

Wir sollten uns auf den *Heil*sweg machen.

»Alles Theorie! Wie soll ich denn das machen?« können Sie jetzt fragen.

Zuerst müssen wir klären, was uns davon abhält, in die Einheit zurückzukehren:

Es ist das Ego, das Ich, unser Selbst.

In der Einheit verschwindet das Ich, deshalb ist das Ego der Gegenspieler der Einheit.

Das Ego ist eine große Kraft in uns. Es will existieren und hat entschieden etwas dagegen, zerstört zu werden.

Es ist sinnlos, das Ego zu verdrängen oder so zu tun, als gäbe es diese Kraft nicht.

Hat zum Beispiel jemand den starken Wunsch, zu herrschen und ständig im Mittelpunkt zu stehen, würde es ihm herzlich wenig nützen, wenn wir ihm das Dienen empfehlen. Anstatt sein Ego abzubauen, wird er höchstens Aggressionen aufbauen.

Würde er Leiter einer Hilfsorganisation, käme das seiner Natur schon viel eher entgegen, sein Drang, immer das Sagen haben zu wollen, könnte zu einem guten Zweck eingesetzt werden.

Wir können unser Ego nicht mit Gewalt zerstören.

Wir sollten uns klarmachen, daß wir auf dem Weg zu Gott keine Stufe überspringen können, auch hier unterliegen wir dem Gesetz des Schicksals.

Zur normalen Entwicklung eines Menschen gehört die Phase, in der man das Ego auslebt.

Erst danach weiht sich der Mensch der Suche nach dem Einen.

Es kann durchaus sein, daß es uns nicht erlaubt ist, in dieser Inkarnation unser Ego zu überwinden.

Wir können nur Schritt für Schritt vorgehen:

- Werde dir bewußt: Heilwerden ist dein Weg! Heilsein dein Ziel!
- Lerne dein Ego kennen. Spüre seine Kraft und akzeptiere die Macht, die es über dich hat.
- Frage dich bei jedem starken Wunsch: Ist es ein Egowunsch oder ein Herzenswunsch? Ist es mein Wille oder Gottes Wille?
- Schau dir deine Gefühle radikal an.
- Laß die Liebe in dir zu. Nur durch Liebe und Hingabe zu Gott können wir uns heilen.
- Erweitere dein Bewußtsein.
- Sei *ein*verstanden mit deinem Schicksal.
- Halte nicht an materiellen Dingen fest. Dadurch entsteht *Ein*seitigkeit.

Bete zu Gott und Jesus Christus, unserem *Heil*and, daß sie dir helfen, in die Einheit

✳   *und in eine strahlende Zukunft zu gehen.*   ✳

Das Reich Gottes

Dein Reich komme

Das Reich Gottes besteht nicht in
Essen und Trinken, sondern in
Gerechtigkeit und Frieden und
Freude im Heiligen Geist.

(Röm. 14,17)

Wir müssen nicht sterben, um in die Hölle zu kommen.
Wir haben uns bereits hier und jetzt unsere Hölle geschaffen: Neid, Mißgunst, Eifersucht, Haß und Verachtung begegnen uns auf Schritt und Tritt. Unsere Welt
kennt Kriege, Unterdrückung, Hunger, Angst, Verbrechen, Folter und Umweltkatastrophen. Wir zerstören
uns selbst: Kettenrauchen, Alkoholismus, Workaholismus, Bulimie, Tablettensucht, Depression, Angstzustände, Alpträume, Schlaflosigkeit.

Es wimmelt von Menschen, die Seelenqualen leiden.
Jean-Paul Sartre, der große französische Philosoph,
sagt: »Die Hölle sind die anderen.« Aber die anderen
sind nur unser Spiegel.

Die Hölle ist in uns.

Wie oft haben wir selbst gerichtet, verurteilt, unterdrückt, Schuldgefühle provoziert, nicht verziehen, Rachegelüste und Haß empfunden?

Jedesmal haben wir dabei uns selbst geschadet. Wir sind vom Selbsthaß regiert, sonst würden wir nicht so mit uns, mit anderen Menschen und mit unserer Umwelt umgehen.

Wir sollten Gott tatsächlich auf Knien anflehen: »Dein Reich komme.«

Gottes Reich ist die Liebe. Die Hölle ist die Angst, die die Liebe vertreibt.

Wir müssen nicht warten, bis wir sterben, um Gottes Reich zu erfahren.

Es ist möglich, es hier und jetzt zu erleben, wenn wir die Liebe zulassen, die unter unserer Verzweiflung sehnsüchtig darauf wartet, entdeckt zu werden.

In der Welt der Liebe würden sich Menschen umeinander kümmern, statt sich und andere zu zerstören.

- Niemand, der liebt, richtet und urteilt.
- Niemand, der liebt, neidet.
- Niemand, der liebt, zerstört seine Umwelt.

Den Weg zur Liebe kennen wir schon:
- Bekenne dich zu Gott.
- Öffne dein Herz.
- Liebe dich selbst.
- Liebe deinen Nächsten wie dich selbst.

Wir sollten sofort damit anfangen!

»Die Welt ist schlecht«, können Sie verbittert sagen. »Was kann ich schon als einzelner verändern?«

Mit Ihnen fängt die Veränderung an!

Die Welt ist Ihr Spiegel. Verändern Sie sich, verändert sich Ihre Welt!

Sie haben das Folgende sicher schon oft erlebt:

Sie fühlen sich uneingeschränkt gut mit sich, gehen Einkaufen und treffen nette Menschen mit einem lächelnden Gesicht, die ausgesprochen liebenswürdig sind und vielleicht sogar ein kurzes Gespräch mit Ihnen führen.

Gehen Sie den gleichen Weg und sind schlechter Laune, werden Sie kein Lächeln vorfinden. Im Gegenteil, Sie schauen in griesgrämige Gesichter. An der Kasse im Supermarkt wird gedrängelt, Sie selbst oder andere herrschen die Kassiererin an, und auf dem Rückweg nach Hause rempelt Sie noch irgendein Rowdy an. Sie hassen die Welt und die Welt haßt Sie.

Wenn Sie sich verändern, verändert sich auch Ihre Umwelt.

Liebe in Ihnen bedeutet Liebe in Ihrem Leben. Liebe in Ihrem Leben bedeutet Liebe in Ihrer Umwelt.

Sie haben eine Verantwortung sich selbst und ihren Mitmenschen gegenüber!

Fangen Sie heute noch an, den ganzen Müll aus Ihrem System rauszuschmeißen. Halten Sie Hausputz in Ihrem Innenleben!

Stellen Sie sich vor, Sie würden sich selbst lieben:

Sie hätten alles, was Sie wirklich bräuchten, würden sich wohl mit sich und anderen Menschen fühlen. Sie würden mit Vitalität und Freude Ihren Tag beginnen, einer Beschäftigung nachgehen, die Sie erfüllt, und abends dankbar und voller Glücksgefühle Ihren Tag beschließen.

Und stellen Sie sich jetzt einmal vor, es würde nicht nur Ihnen, sondern uns allen so gehen.

Das wäre der Himmel auf Erden!

Das wäre das Reich Gottes!

Der Weg dahin ist steinig, aber das Ziel ist nicht unerreichbar.

Wenn wir es wagen, ihn zu gehen, werden wir reichlich dafür belohnt:

Die Belohnung ist die innere Befreiung. Wenn wir beten und hoffen, daß Gott unseren Geist erleuchtet und unserem Herzen Frieden und Liebe schenkt, dann

*   *werden wir in eine
strahlende Zukunft gehen.*   *

Der Wille

Dein Wille geschehe

Vater, in Deine Hände
befehle ich meinen Geist.

(Lk. 23,46)

Welcher Wille bestimmt uns?

Der göttliche Wille oder der Egowille?

Schon als Kind haben wir im Vaterunser gebetet:

»… Dein Wille geschehe …«

Dein Wille heißt Gottes Wille.

Wir sind durch unsere Umwelt stark beeinflußt. Überall wird uns permanent eingeredet, daß wir ohne ein bestimmtes Produkt zu haben oder ein bestimmtes Ziel zu erreichen nicht glücklich werden können.

Wenn wir unseren Willen durchgesetzt haben und sich dieses Produkt endlich in unserem Besitz befindet oder wir unser Ziel erreicht haben, sind wir durchaus nicht glücklicher und streben schon nach dem nächsten Alleinseligmachenden.

Werbung, Medien und die Ansprüche unserer Mitmenschen formen unser Verlangen und stürzen uns in Verwirrung.

Wenn ich etwas erreichen möchte, etwas manifestieren möchte, meinen Willen einsetze und scheitere oder bei Gelingen nicht glücklich werde, kann ich mit Sicherheit davon ausgehen, daß mein Wille nicht Gottes Wille ist.

Gott ist Liebe, und Gottes Wille hat immer mit Glückseligkeit zu tun.

Kein Besitz der Welt gibt Ihnen die Freude, die Sie empfinden, wenn Gottes Energien Sie durchfließen.

Befreien Sie sich von den Vorstellungen anderer.

Befreien Sie sich von dem Glauben, etwas besitzen oder haben zu müssen.

Anstatt nach außen zu schauen, sollte der Blick nach innen gerichtet sein. Beten und meditieren Sie, um in Einklang mit Gottes Willen zu kommen.

Lassen Sie los, überlassen Sie sich Gott und lassen Gott sich um die Einzelheiten kümmern.

Vertrauen Sie darauf, daß Gott Ihnen alles gibt, was Sie für ein erfülltes Leben brauchen.

Viele werden fragen: Und was ist mit dem freien Willen und dem Erhalt widersprüchlicher Antworten?

Der freie Wille ist unsere Reaktion auf Gottes Willen.

Wir können Gottes Willen nicht ändern. Uns bleibt allein der Versuch, gegen ihn anzukämpfen und zu verzweifeln oder ihn demütig anzunehmen

✳ *und in eine strahlende Zukunft zu gehen.* ✳

Wie oben, so unten

Wie im Himmel, so auf Erden

Er sprach zu ihnen:
Ihr seid von unten, ich bin von oben,
Ihr seid aus dieser Welt,
ich bin nicht aus dieser Welt.

(Joh. 8,23)

Wenn wir uns selbst verändern, verändern wir die Welt.

Lernen wir uns kennen, lernen wir Gott kennen.

Das klingt wie eine kühne Behauptung.

Das Gesetz der Entsprechung, das Analogiegesetz, besagt:
- Wie oben, so unten.
- Wie innen, so außen.
- Wie im kleinsten, so im größten.
- Wie im Himmel, so auf Erden.
- Mikrokosmos gleich Makrokosmos.

Hermes Trismegistos formulierte es so:

»Dasjenige, was unten ist, ist gleich dem, welches oben ist, und dasjenige, welches oben ist, ist gleich demjenigen, welches unten ist, um zu vollbringen das Wunderwerk eines einzigen.«

Ein bestimmter Inhalt hat auch immer eine bestimmte Form.

Alle Erscheinungen haben eine Entsprechung auf allen Ebenen des Seins.

Dieses Gesetz gilt genauso für den Mikrokosmos Mensch wie für den Makrokosmos Universum. Wie im kleinsten so im größten.

Nicht umsonst hat ein Atom, also eines der kleinsten Teilchen, Ähnlichkeiten mit unserem Sonnensystem, also einem der größten Bestandteile unserer Welt.

Eine unserer Zellen, also ein Mikrokosmos in unserem System, trägt alle Informationen über den Makrokosmos Mensch in sich.

Eine Zelle allein würde reichen, um uns komplett zu erkennen; ein Gesetz, das sich die Medizin in der Gentechnik zunutze macht.

In jedem unserer Haare stecken unendlich viele Informationen über uns, unsere Gesundheit oder Krankheiten.

Die Handlesekunst geht davon aus, daß in den Handlinien die Information über den ganzen Menschen enthalten sind.

Die Fußreflexzonenmassage nimmt das gleiche von der Fußsohle an.

Die Irisdiagnose erkennt den Menschen am Auge.

Die Gesichtszüge können viel über Charakter und gesundheitlichen Zustand eines Menschen erzählen.

Die Stimme läßt viele Rückschlüsse auf den jeweiligen Menschen zu.

Die Sprache läßt uns viel über geographische und soziale Herkunft eines Menschen erkennen. Kleidung, Wohnungseinrichtung, Freizeitbeschäftigung und viele andere scheinbare Nebensächlichkeiten können mir verraten, wie ein Mensch ist.

Die Astrologie schließt vom Makrokosmos Sternenhimmel auf den Mikrokosmos Mensch.

Das Gesetz der Analogie läßt sich in zahlreichen Bereichen erkennen und zunutze machen.

Wenn ich eine Ebene erkenne, erkenne ich alle anderen Ebenen, da sie ihr entsprechen.

Ich kann mich im Prinzip mit jedem x-beliebigen Ding befassen, beispielsweise einem Baum; wenn ich ihn nur lange genug zu ergründen suche und ihn erkenne, werde ich alle anderen Dinge dadurch auch erkennen.

- Wenn ich mich erkenne, erkenne ich auch alles andere.
- Wenn ich mich erkenne, erkenne ich auch Gott.
- Selbsterkenntnis führt zur Erkenntnis der Welt.
- Selbsterkenntnis ist Gotteserkenntnis.

Gott hat uns nach seinem Ebenbild erschaffen. Das Kleine ist identisch mit dem allumfassenden Großen.

Wenn ich meine Außenwelt erkenne, erkenne ich mich.

Wenn ich die Menschen in meiner Umgebung beobachte, erhalte ich Information über mich selbst.

Die Welt ist mein Spiegelbild.

Jede Begebenheit enthält eine Botschaft für mich.

Wenn ich mich verändere, verändere ich die Welt.

Verändere ich die Welt, verändere ich mich.

Daß wir uns verändern, wenn wir die Welt verändern, nehmen wir noch ohne Widerspruch hin. Wenn Sie ein Jahr in den Armenvierteln Afrikas gearbeitet hätten, würden Sie mit allergrößter Wahrscheinlichkeit nicht mehr als der Mensch zurückkommen, der Sie vorher waren. Selbst nach einer Stunde Gartenarbeit fühlt man sich anders als zuvor.

Der Umkehrschluß »Verändere ich mich, verändere ich die Welt« hat genauso Gültigkeit: Es gibt einerseits die Möglichkeit, am Zustand dieser Welt zu verzweifeln, weil man meint, man könne ohnehin nichts ändern. Andererseits besteht die Möglichkeit, sich erst einmal um sich selbst zu kümmern, sich selbst »in Ordnung« zu bringen, um so die Welt zu einem liebenswerteren Platz zu machen.

»Liebe Deinen Nächsten, wie Dich selbst«, besagt: Erst wenn du dich liebst, kannst du andere lieben.

Erst wenn dein Mikrokosmos von Liebe erfüllt ist, kann die Liebe sich im Makrokosmos Welt zeigen.

Das Gefühl zu mir selbst bestimmt mein Leben.

Erst wenn Sie sich selbst innerlich annehmen, können Sie andere Menschen annehmen,

✳ *und Sie werden in eine strahlende Zukunft gehen.* ✳

Nahrung

Unser tägliches Brot gib uns heute

Es gibt nichts Besseres für den Menschen,
als daß er esse und trinke und sich
gütlich tue bei seiner Mühsal. Doch auch
das, sah ich, kommt aus der Hand
Gottes. Denn wer kann essen und
genießen ohne Ihn?

(Koh. 2,24–25)

Täglich verhungern Menschen auf dieser Erde. Die erschreckenden Bilder von ausgezehrten Kindern kennen wir alle. Trotzdem nehmen wir unseren Überfluß als selbstverständlich hin. Es nutzt niemandem, wenn wir aus Solidarität für die Hungernden dieser Welt strengste Diät halten. Wir vermitteln unseren Kindern auch nicht die richtige Einstellung zur Nahrung, wenn wir sie mit dem Kommentar »Denk doch an die armen, hungernden Kinder in Afrika« zum Essen zwingen.

Wir sollten wieder lernen, unser tägliches Brot zu schätzen.

Wir haben verlernt, dankbar dafür zu sein, daß Gott uns mit ausreichend Essen und Trinken versorgt.

Wir gehen immer weniger bewußt mit Nahrung um. Wir möchten vergessen, daß das Steak im Kühlschrank von einem lebenden Tier stammt.

Haben wir noch Achtung vor den Tieren, die uns als Nahrung dienen?

Wir füttern sie mit giftigen Industrieabfällen oder Knochenmehl von anderen Tieren. Wir transportieren sie auf unwürdige Art kreuz und quer durch Europa, zwängen sie in zu enge Käfige. Nach einem erbärmlichen Leben sterben sie einen erbärmlichen Tod.

Pflanzen werden genmanipuliert und mit Giften behandelt. Daß sie gefährliche Rückstände enthalten, entsetzt niemanden mehr.

Würden wir uns über den aktuellen Stand der Verseuchung einzelner Gemüsesorten informieren, würden wir uns wahrscheinlich entscheiden, nur noch von Luft und Wasser zu leben, und selbst da gibt es Zweifel.

Der Spruch »Du bist, was du ißt« enthält viel Wahrheit.

Die Art und Weise, in der wir mit unserem Körper umgehen, zeigt uns, wie wir tief in unserem Inneren über uns denken.

Wir lieben und schätzen uns so wenig, daß wir unseren Körper mit vergifteter oder minderwertiger Nahrung versorgen.

Viele Menschen lassen ihrem Auto mehr Pflege und Achtung zukommen als ihrem Körper und damit sich selbst.

Kein Wunder, daß wir über so wenig Selbstachtung verfügen.

Sollten wir uns nicht mehr wert sein?

Wir sind göttliche Wesen und haben das Beste verdient.

Warum gönnen wir es uns nicht?

- Wenn Sie essen, konzentrieren Sie sich auf Ihre Nahrung?
- Oder telefonieren Sie dabei, sehen fern, arbeiten oder hetzen durch Straßen?
- Ist Essen für Sie simple Nahrungsaufnahme oder speisen Sie?
- Stopfen Sie unbewußt Essen in sich hinein, oder begehen Sie ein Fest und danken Ihrem Schöpfer für eine gesegnete Mahlzeit?

Behandeln Sie sich mit Liebe und Respekt!

Genießen Sie!

Wie der Körper Essen und Trinken braucht, benötigen auch Ihr Geist und Ihre Seele Nahrung.

Welche geistige Nahrung gönnen Sie sich? Sehen Sie sich Horrorfilme, platte TV-Unterhaltung, Berichte von Katastrophen, Mord und Totschlag an?

Bilden Sie sich weiter, besuchen Sie Seminare, streben Sie nach Schönheit?

Sie haben das Beste verdient, suchen Sie sorgfältig aus.

Mein Sohn, iß Honig,
denn er schmeckt gar gut,
und süß ist Wabenhonig

Deinem Gaumen.
Genauso, wisse, ist für
Deine Seele Weisheit.
Sobald du sie gefunden,
gibt es gute Zukunft,
und deine Hoffnung
wird dir nicht zuschanden.
(Spr. 24,13–14)

Jedes Gebet, jede kreative Minute, jeder Augenblick der Selbstfindung nährt Ihre Seele.

Je liebevoller Sie mit sich umgehen, desto liebevoller gehen andere und das Schicksal mit Ihnen um,

* *und Sie werden in eine strahlende Zukunft gehen.* *

Schuld und Schuldgefühle

Und vergib uns unsere Schuld

Wer weiß, was er zu tun hat,
und es unterläßt,
der macht sich schuldig.

(Jak. 4,17)

Es gibt viele Definitionen von Schuld.

Im juristischen Sinn ist ein Mensch schuldig, wenn er gegen das Gesetz verstößt. Auf den ersten Blick scheint das leicht verständlich, denken wir jedoch an die vielen Artikel, Paragraphen und Auslegungsmöglichkeiten von Gesetzestexten, wird es für den Laien schwer, eindeutig Schuld festzustellen.

Im philosophischen Sinn ist Schuld noch schwerer zu verstehen. Wir haben, als wir Menschen wurden, die Einheit verlassen und leben in der Polarität, in der Welt der Dualität. Es gibt immer zwei Pole, und wenn wir uns für einen Pol entscheiden, bleiben wir dem anderen Pol immer etwas schuldig.

Dadurch sind wir als Menschen immer schuldig.

Entscheide ich mich zum Beispiel dafür, meine Bedürfnisse zu befriedigen, unterlasse ich es zur gleichen Zeit, die Bedürfnisse eines anderen Menschen zu befriedigen und umgekehrt.

Wenn ich meiner inneren Überzeugung nicht folge, wenn ich nicht auf meine innere Stimme höre, wenn ich wider besseren Wissens etwas tue, dann mache ich mich schuldig.

Wenn wir in eine Situation geraten, die uns unangenehm ist, können wir leicht die Verantwortung für uns selbst abgeben und einen Schuldigen suchen. Wenn wir lange genug suchen, werden wir auf jeden Fall etwas oder jemanden finden. Zur Not kann man es immer auf die Eltern und deren Erziehungsmethoden schieben.

Fest steht eines in unserer Gesellschaft: Irgend jemand ist immer schuld!

Was nutzen uns diese Schuldzuweisungen?

Die Situationen kommen schicksalhaft auf uns zu. Es ist unser und aller Beteiligten Schicksal, in eine bestimmte Situation zu geraten, um aus ihr eine Botschaft zu ziehen, etwas zu lernen.

Es hilft uns nicht weiter, jemandem dafür die Schuld zu geben.

Es ist viel wichtiger, sich der Verantwortung zu stellen und zu fragen:

- Warum bin ich in diese Situation geraten?
- Was soll ich aus der Situation lernen?
- Warum waren ausgerechnet diese Menschen beteiligt?

Wenn Sie beispielsweise Ihrem Partner die Schuld für das Scheitern Ihrer Beziehung geben, werden Sie nie bei sich suchen.

- Was hätte ich anders machen können?
- Wie sah mein Beitrag am Scheitern aus?

Mit Schuldzuweisungen berauben Sie sich der Möglichkeit, zu wachsen und zu lernen. Durch Schuldzuweisungen werden Sie starr und unflexibel, und einer Wiederholung der Situation stehen Tür und Tor offen.

Das andere Extrem ist, immer die Schuld bei sich zu suchen.

Sich schuldig zu fühlen, ist keine natürliche Verhaltensweise, sondern eine erlernte Gefühlsreaktion.

Zu lange hat man uns erzählt, wir wären alle schuldbeladene arme Sünder.

Gott hat uns nach Seinem Ebenbild geschaffen!

Das heißt, wir sind strahlende, göttliche Wesen, Kinder des Lichts!

Wir sollten uns von unserem alten Selbstbild als stetig Schuldiger dringend verabschieden. Gewissensbisse, Reue, Scham, Selbstanklage und Schuldgefühle machen krank.

Ihre Zufriedenheit hängt von Ihrem Selbstwertgefühl ab. Schuldgefühle zerstören Ihr Selbstwertgefühl!

Wenn Sie zum Beispiel eine Gehaltserhöhung bekommen und Ihr Kollege nicht, hat ganz klar Ihr Kollege ein Problem und nicht Sie!

Wenn Ihr Kollege nun beleidigt reagiert, weil er meint, er hätte die Gehaltserhöhung viel mehr verdient als Sie, hat immer noch er das Problem und nicht Sie.

Wenn Sie allerdings Zweifel bekommen, ob Ihnen die Gehaltserhöhung zusteht und Sie anfangen, sich schuldig zu fühlen, haben eindeutig Sie das Problem.

Sie haben zugelassen, daß Ihr Kollege Ihr Selbstwertgefühl untergräbt und Ihnen Schuldgefühle macht.

Wir sind gleichzeitig Meister und Opfer im Verteilen von Schuldgefühlen.

Unsere Gesellschaft, unsere Eltern, unsere Lehrer, Mitschüler, Kollegen bedienen sich der Schuldzuweisung.

»Ich mag dich nicht mehr, wenn du nicht dies und jenes unterläßt.«

»Ich habe alles für dich getan, und nun tust du mir das an.«

»Schäm dich, mit dir blamiert man sich doch nur.«

»Wie kannst du mir das antun? Du weißt doch genau, daß ich dann leide« etc.

Es wird dafür gesorgt, daß wir uns schuldig fühlen, damit wir besser funktionieren.

Ein Mensch mit einem stabilen Selbstwertgefühl wird mit dem Druckmittel Schuldgefühl umgehen können. Ein Mensch mit wenig Selbstachtung wird zum seelischen Krüppel und ist ständig manipulierbar.

Wir sollten lernen:

Ich bin als Mensch in erster Linie für mich verantwortlich und sollte mich zuerst um meine Bedürfnisse kümmern!

Diesen gesunden Egoismus brauchen wir zum Leben!

Jeder Mensch, der meint, er müsse uns ein schlechtes Gewissen einreden, weil wir unsere und nicht seine Bedürfnisse in den Mittelpunkt rücken, der irrt.

Das heißt nicht, daß wir keine Kompromisse schließen sollen und nicht hier und da, wenn es für uns ein akzeptables Opfer ist, unsere Bedürfnisse zurückstekken sollen, sondern daß wir es uns wert sind, für unser Wohlergehen einzutreten, ohne uns dabei schuldig zu fühlen.

Ihre Mutter mag zum Beispiel Ihren Partner nicht und sagt Ihnen: »Du weißt doch, ich rege mich immer so leicht auf, ich werde noch Herzrhythmusstörungen bekommen, wenn ich dich mit dieser Person zusammen sehe.«

Sie könnten sich auf diese emotionale Erpressung einlassen und sich von Ihrem Partner trennen oder, so hart es klingt, Ihrer Mutter den guten Tip geben, doch einfach in eine andere Richtung zu schauen, wenn sie Sie das nächste Mal mit ihm sieht.

Es ist das Problem Ihrer Mutter, daß sie Ihren Partner nicht mag, daß sie Sie mit Ihrer Krankheit emotional erpreßt. Machen Sie es nicht zu Ihrem Problem.

»Zeichen eines guten Gewissens ist ein heiteres Angesicht.«   (Sir. 13,26)

Es lebt sich besser ohne das Gefühl, schuldig zu sein.

Lassen Sie sich nicht von anderen zum Schuldigen machen.

Fehler machen wir alle. Versuchen Sie, sie nicht zu wiederholen, aber verknüpfen Sie sie nicht mit Ihrem Selbstwertgefühl.

Sie können die Vergangenheit nicht ändern.

Vergeben Sie sich, dann

werden Sie in eine strahlende Zukunft gehen.

Vergebung

Wie auch wir vergeben unseren Schuldigern

Vergeltet Böses nicht mit Bösem,
und beantwortet Beleidigung nicht
mit Beleidigung. Im Gegenteil segnet!

(1. Petr. 3,9)

- Wie reagieren Sie, wenn man Sie verletzt?
- Empfinden Sie Groll, Wut, Haß?
- Haben Sie Verlangen nach Rache?
- Wollen Sie Ihren Schuldner bestrafen?
- Wollen Sie ihn ebenfalls verletzt sehen?

Wer dieses Tosen der Gefühle nicht kennt, muß schon ein Heiliger sein.

Wir sollten uns aber darüber im klaren sein, daß diese Rachegelüste unserer Seele schaden. Wir sollten diese Gefühle loslassen und unseren Schuldigern vergeben.

Die Welt ist unser Spiegel, und unser Bewußtsein schafft unsere Realität.

Haben Sie zum Beispiel die innere Überzeugung »Ich werde immer betrogen«, weil Sie als Kind einmal betrogen wurden, dann müssen Sie sich nicht wundern, wenn Ihnen jemand den Gefallen tut und Sie tatsächlich betrügt.

Warum wollen Sie sich an dem Menschen rächen, der Ihnen Ihre Überzeugung bestätigt?

Fragen Sie sich lieber:
- Was sagt mir diese Situation?
- Welche meiner inneren Überzeugungen hat die Verletzung provoziert?
- Wie kann ich diese innere Einstellung verändern?

* »Wenn Euch jemand Unrecht tut, dann zahlt es ihm nicht mit gleicher Münze heim.« (Röm. 12,17) *

Wir sollen nicht Gleiches mit Gleichem vergelten. Die negative Energie, die wir darauf verwenden, würde auf jeden Fall auf uns zurückfallen.

* »Wer sich rächt, wird auch des Herrn Rache erfahren.« (Sir. 28,1) *

Bedenken Sie: Solange Sie nicht verzeihen, verleihen Sie Ihrem Schuldner Macht über sich. Sie werden immer wieder an ihn denken, und jedesmal werden unangenehme Gefühle dabei hochkommen. Eventuell werden Sie von ihm träumen. Sie werden vielleicht versuchen, ihm aus dem Weg zu gehen. Er wird bewußt oder unbewußt Einfluß auf Ihre Gedanken und Handlungen haben. Der Groll, den Sie dabei hegen, kann Ihre Gesundheit gefährden. Der Ärger wirkt selbstzerstörerisch.

Es sollte deshalb in unserem eigenen Interesse sein, nicht nur auf Rache zu verzichten, sondern auch aus vollem Herzen zu verzeihen.

Entbinden Sie Ihren Schuldiger von seiner Schuld und lösen Sie damit das belastende Band zwischen Ihnen auf.

Nur: Vergeben ist nicht einfach!

Es reicht nicht zu sagen oder zu denken: Ich vergebe. Man muß es auch fühlen!

»Da trat Petrus zu Jesus und fragte ihn: ›Herr, wenn mein Bruder an mir schuldig wird, wie oft muß ich ihm verzeihen? Siebenmal?‹

›Nein, nicht siebenmal‹, antwortete Jesus, ›sondern siebzig mal siebenmal.‹«
(Mt. 18,21–22)

Jesus, der große Verfechter der Vergebung, rät uns, 490mal zu vergeben.

Durch ständiges Wiederholen einer Vergebung schafft sich die Botschaft einen Weg in Ihr Unbewußtes, entfaltet sich dort und zeigt Wirkung.

Es ist ein Gefühl der Befreiung, tatsächlich zu vergeben. Man kann auch die Situation Gott übergeben, den Menschen, dem man verzeihen will, segnen oder gedanklich in Licht tauchen. Auch Beten ist eine sehr wirksame Methode, Vergebung zu praktizieren.

»Wenn Ihr betet, dann sollt Ihr Euren Mitmenschen verzeihen, falls Ihr etwas gegen sie habt, damit Euer

Vater im Himmel Euch Eure Verfehlung auch vergibt.« (Mk. 11,25)

Wir sind alle nicht fehlerfrei und haben sicher schon oft gewünscht, daß die Menschen, denen wir geschadet haben, uns vergeben.

In dem Moment, wenn wir vergeben, wird auch uns vergeben, und lange gestaute Energien beginnen wieder zu fließen. Wenn Sie vergeben, helfen Sie sich selbst, und Ihre Probleme verlieren ihre erdrückende Intensität.

Es gibt zwei Menschen, denen Sie unbedingt verzeihen sollten: Ihren Eltern.

Sie sind unsere Leitbilder für alle kommenden Beziehungen. Erst wenn unsere Beziehungen zu ihnen geklärt und frei von Schuldzuweisungen sind, haben wir die Chance, klare, aufrichtige und liebevolle Beziehungen mit anderen Menschen aufzubauen.

Viele Menschen rechtfertigen ihre emotionale Armut mit ihrer verkorksten Jugend oder ihrem lieblosen Elternhaus.

Indem man den Eltern die Schuld für seinen jetzigen Zustand gibt, entzieht man sich der Selbstverantwortung.

Lernen Sie zu verzeihen, übernehmen Sie die Verantwortung und fangen Sie ein neues Leben an.

Jesus rät uns in der Bergpredigt:

»Ich aber sage Euch: Liebt Eure Feinde, tut Gutes

denen, die Euch hassen, und betet für sie, die Euch verfolgen und verleumden, auf daß Ihr Söhne Eures Vaters
im Himmel werdet; denn er läßt seine Sonne aufgehen
über Böse und Gute und läßt regnen über Gerechte und
Ungerechte.«   (Mt. 5,44–45)

Keine leichte Aufgabe!
   Wir sollen verzeihen und lieben lernen.
   Wenn Sie es wirklich wollen, wird Gott Sie dabei un-
terstützen,

*   *und Sie werden in eine*
      strahlende Zukunft gehen.   *

Versuchung

Und führe uns nicht in Versuchung

Seid voll Freude, meine Brüder,
wenn Ihr in mancherlei Versuchung geratet!
Ihr wißt, daß die Prüfung Eures
Glaubens Ausdauer bewirkt.

(Jak. 1,2–4)

Versuchung heißt Prüfung. Prüfungen sollten wir willkommen heißen. Sie zeigen uns, wie unerschütterlich unser Glaube an das Ziel ist. Folgen wir beharrlich und unbeeinflußt unserem einmal gesteckten Ziel oder lassen wir uns schnell von anderen Träumen ködern, zu anderen Wegen anstiften, zu anderen Zielen verlocken?

Lassen wir uns versuchen oder widerstehen wir? Mit der Versuchung lernen wir den stärksten und gleichzeitig schwächsten Punkt auf unserem Weg kennen.

Der Gegenstand unserer Versuchung zeigt uns den schwächsten Punkt, der, wenn wir widerstehen, zur Stärke wird.

Die überwundene Versuchung gibt uns Kraft, zeigt uns, daß wir auf dem richtigen Weg sind. So individuell unsere Ziele sind, so sind auch die jeweiligen Versuchungen.

Sind Sie auf Diät, kann ein Stück Torte für Sie der Inbegriff der Verlockung sein, für einen Exraucher kann es die Zigarette sein, für einen Politiker die Macht, für den Wahrheitssuchenden die kleine Notlüge; für unsere Urahnin Eva war es die Frucht des einzigen Baumes, von dem sie nicht essen durfte.

»Jeder von uns wird von seiner eigenen Begierde versucht, die ihn lockt und fängt.« (Jak. 1,14)

Es ist nicht Gott, der uns in Versuchung führt, wir sind es selbst.

Welche Gestalt die Versucher auch immer haben mögen, ob Dämonen, der Teufel, die Schlange; es sind unser Selbsthaß, unsere angeknackste Selbstachtung, unsere Gier, unser Zweifel. Wir lassen uns wider besseren Wissens verführen. Wir wissen, was wir zu tun haben, und es ist uns bewußt, daß wir einen hohen Preis bezahlen müssen, falls wir es nicht tun. Trotzdem ist der Kitzel da. Eine kleine Sekunde der Schwäche kann unsere Träume zerstören. Der Versuchung nachzugeben, bleibt nie ohne Konsequenzen. Entweder fühlen wir uns schuldig, und uns quälen Gewissensbisse, oder ein anderer bestraft den Sündenfall und vertreibt uns aus dem Paradies unseres Seelenfriedens.

Wir sind bestraft und uns bleibt nichts zu tun, als uns selbst zu verzeihen, durchzuhalten und bei der nächsten Gelegenheit nicht nachzugeben, dem Reiz nicht zu erliegen.

»Die Prüfung Eures Glaubens bewirkt Ausdauer, und

Ausdauer führt zum vollendeten Werk«, steht im Jako-busbrief des Neuen Testaments.

Wenn es uns an Weisheit dafür fehlt, sollten wir sie von Gott erbitten, denn Gott gibt uns gern und ohne Vorwurf.

Wir sollten Gott bitten, uns in der Versuchung zu führen, unsere Selbstachtung zu heilen und uns Ausdauer zu schenken.

Wir sollten beten, daß er uns erkennen läßt, was richtig für uns ist; daß er uns die Kraft gibt, uns daran zu halten, damit wir

✳   *in eine strahlende Zukunft gehen können.*   ✳

Wer die Botschaft Gottes hört, aber nicht danach handelt, ist wie ein Mensch, der in einen Spiegel blickt: Er sieht sich, wie er ist und betrachtet sich kurz. Aber dann geht er weg und vergißt sofort, wie er aussieht.

(Jak. 1,23–24)

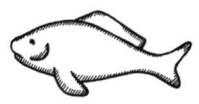

Loslassen

Erlöse uns von dem Bösen

Alles, was Ihr auf Erden binden werdet,
das wird auch im Himmel gebunden sein,
und alles, was Ihr auf Erden lösen werdet,
das wird auch im Himmel gelöst sein.

(Mt. 18,18)

Es fällt uns unheimlich schwer, Gewohntes aufzugeben, sei es auch noch so hinderlich für uns. Wir halten ziemlich verbissen an so einigem fest, zum Beispiel an:

- Negativen Gedankenmodellen
- Angst
- Kontrolle
- Schuldgefühlen
- Schuldzuweisungen
- Rache
- Süchten
- Selbstzerstörung
- Selbstzweifel
- Selbstverachtung
- Abhängigkeit
- Falschen Erwartungen
- Aggressionen und Wut etc.

Wir müssen uns darüber klarwerden, daß es sehr lange gedauert hat, uns negativ zu konditionieren. Unsere Eltern haben viel Zeit und Ausdauer und bestimmt auch Liebe darauf verwandt, uns zu dem zu machen, was wir heute sind. Vielleicht haben sie mit Zurechtweisungen, Liebesentzug, Schuldgefühlen und Demütigungen Spuren bei uns hinterlassen.

- »Reiß dich zusammen«, sagte man uns, und wir rissen uns zusammen.
- Schäm dich!« und wir schämten uns.
- Du bist schuld!« und wir fühlten uns schuldig.

Das ist Vergangenheit!

Es gibt keinen Grund, diese frühkindlich empfangenen Botschaften heute noch für richtig zu halten.

Unsere Eltern haben mit ihren Negativbotschaften einen bestimmten Zweck verfolgt. Sie haben wahrscheinlich ihr Möglichstes getan, aus uns gerade und aufrichtige Menschen zu machen. Ihre Methoden waren vielleicht nicht die besten.

Deshalb sollten wir auch lernen, zwischen den Erziehungsversuchen unserer Eltern und unserem Selbstwertgefühl zu trennen.

Die Erziehung unserer Eltern mag dafür gesorgt haben, daß wir nicht über genügend Selbstliebe verfügen, aber wir setzen diese Tradition meistens noch fort und addieren noch die Selbstanklage zu unserem ohnehin lädierten Selbstbild.

Wir sollten uns lieber von den Selbstlimitierungen verabschieden.

Nicht mehr festhalten! Loslassen!

Im Universum ist alles im Fluß. Jedes Festhalten bedeutet Widerstand, bedeutet eine Barriere. Fortbewegen können Sie sich nur, wenn Sie nicht gegen den Strom ankämpfen, wenn Sie sich von ihm tragen lassen.

- Geben Sie die Kontrolle auf.
- Vertrauen Sie dem Schicksal.
- Hingabe zu Gott erlöst Sie.
- Nicht mein Wille, sondern Dein Wille geschehe.

Wir neigen auch dazu, Menschen und Dinge unnötig festzuhalten: Wie viele Dinge in Ihrem Umfeld sind schon lange überflüssig und erfüllen nicht mehr ihren Zweck? Welche Beziehungen haben Sie noch, weil Ihnen wirklich daran liegt und welche nur noch aus purer Sentimentalität?

Schmerzhafte Trennungen hinterlassen oft Verbitterung, Groll oder sogar Haßgefühle. Wenn Sie diese starken, negativen Emotionen nicht bearbeiten, laufen Sie Gefahr, sich zum seelischen Krüppel zu machen.

Wenn jemand aus unserem Leben verschwindet, ist das ein sicheres Zeichen dafür, daß er nicht mehr das Beste für uns war. Das Schicksal hat etwas anderes für uns vorgesehen.

Wenn eine Tür sich schließt, tut die nächste, größere sich auf.

Nichts verschwindet aus unserem Leben, ohne daß es durch etwas anderes ersetzt wird. Wenn Sie etwas loslassen, entsteht ein Vakuum, und ein Vakuum wird sich zwangsläufig wieder mit etwas füllen.

Geben Sie, damit Sie nehmen können.

Auch hier können Sie sich das Analogiegesetz zunutze machen.

Führen Sie zum Beispiel einen sehr gründlichen Hausputz durch, trennen Sie sich von all den Dingen, die Sie schon immer loswerden wollten.

Schaffen Sie ein Vakuum, damit Neues nachfließen kann.

Wenn Sie in dem Mikrokosmos Ihrer persönlichen materiellen Welt aufräumen, werden Sie alte, überholte Gedanken und Gefühle in Ihrem Makrokosmos Seele zum Abschied bewegen.

Beten kann uns dabei helfen, loszulassen. Affirmationen, Meditation und vor allem Vergebung sind wirksame Methoden, die Dinge wieder dem Fluß zu übergeben.

Lassen Sie alles fließen, reißen Sie die Barrieren ein, die Sie von Ihrem Guten trennen,

*   *und Sie werden in eine strahlende Zukunft gehen.*   *

Klarheit

Euer Ja sei ein Ja,
Euer Nein ein Nein,
alles andere ist ein Werk des Bösen.

(Mt. 5,37)

Eine der Prioritäten in unserem Leben sollte sein, Klarheit in unserem Denken, Fühlen und Handeln anzustreben.

Wie oft befinden wir uns in einem Sumpf der Unklarheit und Verwirrung?

Seien Sie ehrlich zu sich: Wie oft haben Sie schon Doppelbotschaften, das heißt zweideutige Botschaften, ausgesendet oder widersprüchliche Aussagen gemacht.

Wie oft hat Ihr Denken nicht mit Ihrem Fühlen übereingestimmt oder Ihr Handeln nicht mit Ihrem Denken? Kennen Sie zum Beispiel diese oder ähnliche Aussagen: »Ich mach das wirklich gern für dich, obwohl ich es nicht gern tue?«

Entweder man macht etwas gern und mag es oder man tut etwas nicht gern, weil man es nicht mag. Nimmt man beide Aussagen zusammen, belügt man jemanden: entweder den Empfänger der Aussage oder sich selbst.

Heißt die Botschaft jedoch: »Ich mache es nicht gern, aber für dich mache ich es trotzdem« oder »Ich mach es nicht gern, deshalb werde ich es auch unterlassen«, kann man selbst und der andere viel klarer reagieren.

Wenn unser Handeln nicht identisch ist mit unserem Fühlen und Denken, wird sich diese Lüge auf unser Gegenüber übertragen.

Unsere Körperhaltung, unsere Stimme, Hautfärbung, Hauttemperatur, Pupillengröße etc. geben Signale an das Unbewußte unseres Mitmenschen, und er wird entsprechend darauf reagieren.

Es ist wichtig, daß unser Denken, Handeln und Fühlen im Einklang sind, sonst können wir uns auf Probleme gefaßt machen.

Ist Ihr Denken und Handeln im Einklang?

Sie wissen, daß Ihre Arbeit Sie krank und unglücklich macht und trotzdem suchen Sie sich keine neue Stelle?

Sie wollen Ihre Verwandten nicht besuchen und gehen trotzdem hin?

Ist Ihr Denken und Fühlen im Einklang?

Wie oft machen Sie sich etwas vor?

Sie sagen sich, wie toll Sie etwas finden, obwohl Sie tief im Inneren zu einer anderen Meinung neigen?

Sie sind aggressiv und unterdrücken Ihre Gefühle, weil Ihre Ratio sagt, man dürfe nicht aggressiv sein. Sie bilden sich ein, jemanden zu lieben, bis Sie feststellen, daß es eigentlich schon lange nicht mehr so ist.

Stehen Ihr Fühlen und Handeln im Einklang zueinander?

Wie oft ignorieren Sie Ihre innere Stimme?

Ihre Intuition sagt Ihnen »Tu's nicht«, und Sie tun es trotzdem. Es geht schief, Sie ärgern sich, und beim nächsten Mal hören Sie wieder nicht auf Ihr Gefühl.

Sie wollen etwas Großartiges tun, aber die Angst ist zu groß.

Ist ihr »Ja« ein »Ja« oder ein »Ja, aber eigentlich«?

Ist Ihr »Nein« ein »Nein« oder ein »Jein«?

Wissen Sie, was Sie wollen?

Sind Sie in der Lage, sich klar und offen auszudrücken?

Sind Sie ehrlich zu sich selbst?

Schaffen Sie Klarheit in Ihren Beziehungen!

Sind Sie mit den Personen zusammen, mit denen Sie zusammen sein wollen?

Halten Sie Kontakt aus bloßer Gewohnheit, aus falsch verstandener Treue, oder weil Sie es wirklich so wollen?

Tun die Menschen, die Sie umgeben, Ihnen gut?

Warum rufen Sie nach Jahren immer noch bei dem entfernten Bekannten zum Geburtstag an? Weil Sie es wollen oder weil Sie nicht derjenige sein wollen, der den Kontakt abbricht?

Sagen Sie den Menschen klar, was Sie von ihnen wollen, oder lassen Sie sie lieber im unklaren, um sie an sich zu binden?

Schaffen Sie endlich Klarheit in Ihrem beruflichen Umfeld!

Mögen Sie Ihre Arbeit? Ist es das, wovon Sie immer

geträumt haben? Haben Sie die Position, die Sie sich wünschen! Wenn nicht, warum nicht?

Sind Sie sich Ihren Verdienst wert oder meinen Sie, Ihnen stände mehr zu? Wenn ja, sprechen Sie das auch aus?

Warum tun Sie etwas? Tun Sie es, weil Sie es so wollen, oder weil Ihnen Ihre Mutter oder Ihre Freundin gesagt hat, daß man es so macht?

Übernehmen Sie hundertprozentig die Verantwortung für sich?

Lassen Sie sich schnell beirren, weil Sie Zweifel haben?

Gibt es in Ihrem Leben unerledigte Geschäfte, Situationen aus der Vergangenheit, die Sie noch nicht geklärt haben?

Wie steht es um Ihre Pünktlichkeit?

Wenn Sie eine Verabredung wirklich wollen, kommen Sie auch zur verabredeten Zeit.

Wenn Sie zu spät sind, geben Sie sich selbst ein Zeichen, daß Sie die Abmachung bewußt oder unbewußt gar nicht einhalten wollen.

Seien Sie sich selbst und anderen gegenüber so klar, wie Sie nur können.

Suchen Sie Klarheit im Denken, klären Sie Ihre Gefühle und richten Sie Ihr Handeln danach.

Wenn Sie ein Ziel verfolgen, versuchen Sie, nur mit Menschen zu kooperieren, die genau die gleiche Einstellung zur Klarheit haben wie Sie.

Alles andere bringt Unfrieden.

Bitten Sie Gott um Klarheit. Er wird Ihnen helfen, klare Strukturen in Ihre Gedanken und Gefühle zu bringen,

* *und Sie werden in eine strahlende Zukunft gehen.* *

Aufbruch in ein
neues Jahrtausend

Gedenkt nicht mehr der früheren Dinge,
und des Vergangenen achtet nicht.
Siehe, nun schaffe ich Neues;
schon sproß es, gewahrt Ihr es nicht.

(Jes. 43,18–19)

Unsere Zeitrechnung wurde von Menschen ersonnen, und so ist der Jahrtausendwechsel ein von Menschen gewählter Zeitpunkt. Da aber unser Bewußtsein unsere Realität bestimmt, werden wir trotzdem mit dem Jahr 2000 in eine neue Zeitschwingung eintreten. Gleichzeitig kommt astrologisch langsam das Wassermann-Zeitalter zum Tragen. Ein großes Sonnenjahr, ein Weltzeitalter, dauert 25827 Jahre. Ca. alle 2100 Jahre durchläuft der Frühlingspunkt der Sonne eines der zwölf Tierkreiszeichen.

Die Wanderung des Frühlingspunktes ist rückläufig, das heißt, er durchschreitet die Tierkreiszeichen nicht von Widder bis Fische, wie wir es von unserem Horoskop kennen, sondern umgekehrt.

1950 verließ der Frühlingspunkt das Zeitalter der Fische und trat in das Wassermann-Zeitalter ein.

Für den Anfang jeder unserer vier Jahreszeiten gibt es

ein genaues Datum, und dennoch vollzieht sich der Wechsel langsam, und es kann mitunter Tage und Wochen dauern, bis man weiß: Jetzt ist der Winter endlich zu Ende und es ist Frühling.

Ähnlich verhält es sich mit dem Wechsel der Zeitalter. Es kann Jahrzehnte bis Jahrhunderte dauern, bis sich die Merkmale des neuen Zeitalters durchsetzen.

Wir befinden uns in der Übergangszeit vom Fische- zum Wassermann-Zeitalter, spüren noch die Auswirkungen des alten und ahnen die des neuen Abschnittes.

Das Zeitalter der Fische steht für Sensibilität, Mystik und das Jesus-Prinzip. Die Apostel waren Fischer, Jesus nannte sich den Menschenfischer, und die ersten Christen benutzten den Fisch als Erkennungszeichen.

Fische sind mitleidig, gefühlvoll, empfänglich, aber auch willensschwach und unentschlossen.

Wassermann ist hingegen fortschrittlich, originell, erfinderisch, aber auch launisch und rebellisch. Wassermann steht für Kreativität und Eigenverantwortung.

Im neuen Zeitalter werden wir verstehen, daß unsere Welt im Bewußtsein existiert und daß wir sie nur durch unser Bewußtsein verändern können.

Unsere Gedanken beeinflussen unsere Welt. Wir können niemanden außer uns selbst für unser Glück und Unglück verantwortlich machen. Es kann uns niemand mehr etwas antun, ohne daß wir es auf einer bewußten oder unbewußten Ebene zulassen. Unser Weltbild gestaltet unsere Realität.

Wassermann wird regiert von dem Planeten Uranus. Uranus steht für Elektrizität, Erneuerung und Veränderung.

Die Erneuerung wird durch uns geschehen. Wir werden nicht mehr warten, bis ein Politiker oder religiöser Anführer unsere Zukunft gestaltet. Wir als Individuen haben die Macht und das Wissen, wie wir unser Leben formen können.

Uranus bringt Chaos: in Form von Erdbeben, Vulkanausbrüchen und Zerstörung. Glaubenssysteme fallen zusammen. Die Kirche wird nicht mehr die sein, die wir kennen. Der Staat wird sich verändern. Alles, was uns daran hindert, unser göttliches Selbst zu leben, wird zusammenstürzen.

Chaos ist aber auch Vitalität, Lebenslust und kreativer Ausdruck. Ordnung heißt, alles unter Kontrolle halten zu wollen. Das Chaos zerstört diese Struktur.

Wenn Sie noch nicht gelernt haben, ihre Gefühle zu leben, werden Sie spätestens jetzt dazu gezwungen.

Die alte Ordnung bricht zusammen, bis sich eine neue, natürliche Ordnung etabliert hat.

In dem Maße, in dem Sie sich erlauben, Ihre wahre Natur auszudrücken und zu tun, was Ihre Seele Ihnen gebietet, in dem Maße wird das neue Zeitalter zu Ihnen kommen

*   *und Sie werden in eine strahlende Zukunft gehen.*   *

Über den Autor

Jost Heider, Jahrgang 1948, wurde nach Abschluß der Schauspielschule von namhaften deutschen Theatern engagiert und spielte Hauptrollen in Fernsehproduktionen. Der Wunsch nach dem großen Durchbruch brachte ihn nach Hollywood. Trotz einiger Erfolge dort und trotz Kontakts zu den Großen der Szene fühlte sich Heider immer mehr getrieben von der inneren Suche nach dem Sinn des Lebens. Zwölf Jahre lang besuchte er Vorträge und Seminare von Predigern, spirituellen Lehrern und Psychotherapeuten. Seine spirituellen Erfahrungen entwickeln sich in dieser Zeit immer mehr zu seiner Berufung. Menschen aus aller Welt suchen ihn auf. Er hilft ihnen, negative psychische Strukturen zu analysieren, loszulassen und ihre wahre Bestimmung zu erkennen. Seit Dezember 1999 wendet sich Jost Heider mit seiner Botschaft der Hoffnung an ein großes Publikum.

ARKANA
GOLDMANN

Spirituelle Wege

Varda Hasselmann,
Die Seele der Papaya   21522

M. Scott Peck,
Der wunderbare Weg   13220

Thich Nhat Hanh, Das Glück,
einen Baum zu umarmen   13233

Kathleen Norris,
Als mich die Stille rief   21535

Goldmann • Der Taschenbuch-Verlag